네트워크마케팅

길라잡이

로버트 부트윈(Robert Butwin) | 저자
옮긴이 | 손정미

KB247385

Street Smart Network Marketing

용안 미디어

Street Smart Network Marketing

Copyright ⓒ 1997 by Robert Butwin
Original English edition published by Prima Publishing, Inc.
Korean translation copyright ⓒ 2000
by **Yong-An Media**

옮긴이 · 손 정 미

• 1965년 서울 출생
• 1988년 1월 한국 외국어 대학교 서양어 대학 영어과 졸업
• 1997년 9월 용안기획 국제부 번역 업무
• 2000년 8월 한림대학교 국제학대학원 국제회의학과 졸업

판권 본사
독 점 계 약

네트워크마케팅 길라잡이

지은이 • 로버트 부트윈
펴낸이 • 김시중
인쇄일 • 2001년 11월 1일
발행일 • 2001년 11월 1일
펴낸곳 • 도서출판 용안미디어
주소 • (135-081)서울시 강남구 역삼1동696-25 영성빌딩
전화 • 569-5024(대)
팩스 • 569-5009
등록 • 1994년 2월 25일 제16-837호
가격 • 8,000원

* ISBN 89-86151-57-X
* 잘못된 책은 바꿔 드립니다.

네트워크마케팅

길라잡이

로버트 부트윈(Robert Butwin) | 저자

옮긴이 | 손정미

시행착오에서 얻은 경험을

성공의 자질로 바꾸려는

위대한 네트워커를 위하여...

Street Smart Network Marketing

용안 미디어

머리말

〈길라잡이 네트워크 마케팅(Street Smart Network Marketing)〉, 멋진 제목이다! 이 한마디에 견고한 MLM 사업을 구축하는데 필요한 모든 것이 다 들어 있다. 이 사업에는 '대학 졸업장' 이나 '여기서는-이렇게' 와 같은 이론은 필요치 않다. 이 사업은 평범한 사람들이 하는 사업이다.

이 책의 저자 로버트 버트윈과 그 밖에 존경받는 동료들을 비롯해 나 역시, 스스로를 놀라운 성공을 거둔 '평범한 사람' 이라고 생각한다.

지금껏 많은 사람들이 갖가지 학위와 다른 분야에서 거둔 성공을 떠들어대며, '네트워크 마케팅 사업은 쉽게 성공을 거둘 수 있는 것' 이라고 장담하는 것을 들었다. 게다가 쉽게 성공을 할 수 있게 해준다며 '어리석은 방법' 을 가르쳐 주기도 한다.

그래도 다행인 것은 버트윈이 힘들여 습득한 길라잡이 지식과, 그가 조언자들로부터 얻은 이야기들을 함께 소개함으로써 네트워크 마케팅 사업의 초보자와 오랜 경력이 있는 사람들 모두에게 올바른 사업 진행 방식을 알려 줄 수 있다는 것이다.

특히 전화 상담을 통해 사업을 구축하는 방법에 대한 로버트의 상세한 설명은 인상 깊다. 이것이야말로 현장에서 직접 뛰고 있는 길라잡이의 전형적인 예이기 때문이다.

대부분의 사람들은 매일같이 수십개의 회의에 참가하거나 현장에서 일대일 설명회를 가지느라 여행을 할 시간적, 금전적 여유가 없다.

그러나 전화를 이용하면 일상생활에서 벗어나지 않고 사업을 구축할 수 있다. 나는 대부분 집에서 청바지를 입고(또는 그날 입고 싶은 옷을 입고) 있으면서 전화로 사업을 성공적으로 진행시켰다.

이것이 바로 이 사업의 방식이며, 당신이 앞으로 읽게될 방식이기도 하다.

'이 사업을 즐겨라!'

비너스 안드레크트
〈마력의 MLM - 평범한 사람들이 평범하지 않은
네트워크 마케팅 사업을 할 수 있다〉의 저자

목 차

책을 내며

이 책을 쓰고 있을 무렵의 일이다. 하와이의 한 수영장에서 친구 몇 명과 함께 한가롭게 시간을 보내고 있었다. 항상 훌륭한 조언자의 역할을 해주는 친구 로버트 네티욱이 불쑥 내게 이런 질문을 던졌다.

"로버트, 자네가 이 책을 쓰는 이유는 뭔가?"

"글쎄, 이 사업의 성취를 위해 애쓰는 사람들에게 내 나름대로 보답을 하고 싶어서랄까. 성공을 위한 필수요소를 다루었지. 아마, 다른 책에서는 취급하지 않았던 것일 거야"

"그렇다면 어떤 사람들이 이 책을 읽을까?"

로버트 네티욱의 질문은 계속되었다. 나는 잠시동안 생각했다.

"두 부류의 사람들이 있겠지. 우선, 네트워크 마케터로서 이미 성공한 사람들이겠지. 아직까지 많지는 않지만 이런 사람들은 책에서 새로운 성공방법을 찾아내어 다운라인에게 알려주고 싶어하거든. 그 다음에는 새롭게 이 사업에 도전하는 사람들이야. 그들은 사업 방법, 성공방법을 찾고 있으니까"

로버트가 다시 물었다.
"새롭게 시작하는 사람들이 알아야 할 가장 중요한 일은 무엇이라고 생각하는가?"

나는 잠시 생각한 뒤에 말을 꺼내었다.
"좋은 질문일세"

내가 이 사업에 '도전' 했던 것은 불과 얼마 전이었다. 그때 내가 가장 알고 싶은 것은 무엇이었는가? 그 당시 내가 가장 알고 싶었던 것은? 이 사업에서 내가 정말로 성공할 수 있을까? 하는 것이었다.

나는 네트워크 마케팅 사업에서 성공하는데 필요한 기술과 식견을 습득하는데 얼마간의 기간이 소요되든 개의치 않았다. 내가 알고 싶었던 것은, 그것도 한 점의 의구심 없이 확실하게 알고 싶었던 것은, "내가 이 사업에 전념한다면 성공할 수 있는가" 하는 것이었다.

나는 각 업계에서 성공을 거둔 사람들을 살펴보았다. 그들의 성공은 위대했다. 그들은 각기 다른 회사에서 일하고 있었고, 다른 제품들을 취급하고 있었으며, 사업 운영 방식도 대부분 달랐다.

또한 사람들 자체도 모두 각양 각색이었다. 내 친구 로버트는 작가였고, 그의 아내는 음악가였다. 영업을 하는 사람(나처럼)이 있고, 태어나서 판매라고는 단 한번도 해보지 않은 사람도 있었다. 의사, 교사, 엔지니어, 트럭 운전수, 대학교 운동부 코치, 사환, 동기부여 강사, 여행가이드, 마사지 치료사 등. 그들은 너무나 다른 경력, 학력, 생활 방식을 가지고 있었지만 모두 자신의 분야에서 성공을 거두었다.

내가 이 사업에서 성공을 거둘 수 있다고 확신할 수 있었던 것은 각기 다른 배경의 사람들이 모두 다른 제품, 다른 회사, 다른 보상플랜, 교육과정에서 성공을 일구어 냈다는 사실이었다.

주변을 둘러 보라. 이 사업에서 성공을 거둔 사례가 무궁무진하게 많이 있다. 이 사례들을 살펴보고 당신 또한 네트워크 마케팅 사업에서 성공할 수 있다는 사실을 명심하라.

네트워크 마케팅은 마력을 지니고 있는 멋진 사업이다. 누구라도 성공을 향해 똑같이 활시위를 당길 수 있다.

이 사업을 시작하는데는 특별한 경험이나 준비가 전혀 필요치 않다. 여기서 필요한 것은 이 사업이 어떻게 운용되는지 이해하는 것이다. 그리고 나서 시작하면 된다. 이 사업은 당신이 그만둘 때까지 멈추지 않는다.

이 책에는 네트워크 마케팅 사업에 대해 많은 조언들이 수록되어 있다.

당신이 충실하게 이 책의 내용을 꾸준히 지켜 나간다면, 네트워크 마케팅 사업에서 큰 성공을 거둘 수 있을 것이다.

나는 이 책의 내용을 충실히 꾸준하게 지켜왔다. 내 이야기를 믿으라. 여기 하와이에서, 태양아래 차가운 음료수를 마시며, 다정한 벗들과 함께 이야기를 나누면서 나는 이 사업을 성공시킬 수 있다. 네트워크 마케팅은 세계에서 가장 위대한 사업이다.

CHAPTER ONE

길라잡이 네트위커란?

자, Street Smart Networking이란 무엇일까?

내 고향에서는 세상 물정을 잘 아는 사람을 가리켜 스트리트 스마트(Street Smart)라고 말한다. 즉 삶의 요령을 터득한 사람, 지향해야 할 목표와 그 목표에 도달할 수 있는 방법을 잘 아는 사람이다. 이런 사람만이 치열한 경쟁에서 살아남을 수 있다.

Street Smart Networker, 즉 길라잡이 네트워커는 크고 확실한 네트워크 마케팅의 비전을 가지고 있으며, 여기에 덧붙여서 정직하게 경쟁하여 승리할 수 있는 자질을 겸비하고 있다.

그렇다면, 길라잡이 네트워커란 어떤 사람인가?

길라잡이 네트워커의 정의

길라잡이 네트워커 주변에는 조언자, 스승, 상담자 그리고 코치가 되어 줄 수 있는 훌륭한 인물들이 있다.

길라잡이 네트워커는 현재의 상황을 정확하게 파악한다. 자신과 자신의 사업 그리고 업계에 대한 동향을 폭넓게 이해하고 있다.

길라잡이 네트워커는 '황금의 목표'를 조준한다. 즉, 삶의 목표를 명확하게 설정해 놓고 이를 성취하기 위한 계획을 가지고 있다.

길라잡이 네트워커는 '아니오'라고 말할 때를 안다. 자신의 능력을 계발하는데 도움이 안되는 일이거나 다른 사람들에게 도움을 주지 못하는 일일 때에는 언제든지 '아니오'라고 말할 수 있다.

길라잡이 네트워커는 실행할 때를 알고, 이를 실행으로 옮기는 실천가이다.

길라잡이 네트워커는 흔들림 없는 바퀴로 힘차게 달려가는 차(車)를 가지고 있다. 바로 "네트워크 마케팅 회사"와 "기회"라는 이름의 차(車)이다.

길라잡이 네트워커는 항상 사업을 돌본다. 항상 배우고 적극적이며, 결과를 창출하는데 전력을 기울인다.

길라잡이 네트워커는 "형제", "자매"와 같은 헌신적인 팀을 가지고 있다. 이 팀은 다운라인과 업라인, 그리고 팀 전체로서 협력할 수 있는 초석이 된다.

길라잡이 네트워커는 팀의 리더이다. 그들은 '지도력이 바로 힘' 이라는 것을 이해하고 있으며, 그 힘이 주는 위대한 능력을 이해하고 있다. 이 위대한 능력 중 가장 놀라운 것은 다른 사람들에게 ?힘을 부여해 줄 수 있다는 것?이다.

길라잡이 네트워커는 '네트워크 마케팅이 비옥한 토양지대'라는 것을 간파하고 있다. 그들은 성공비결을 안다. 성공하기 위해 써야 할 도구와 팀에 참여시켜야 할 사람, 참여시키는 방법에 대해 알고 있다. 즉, 네트워크 마케팅의 힘에 관련된 모든 것을 잘 알고 있는 사람들이다.

길라잡이 네트워커는 수당지급을 기다린다. 열심히 일한 뒤에는 자신이 받을 보상과 이를 현명하게 쓰는 방법을 알고 있다. 자신의 몫인 케이크를 제대로 손에 넣고, 접시에 담아 달콤한 시럽과 우유를 곁들여 맛있게 먹을 줄 안다.

길라잡이 네트워커는 자유롭다.

이 책에서 소개하는 모든 주제 중 가장 중요한 것은 마지막 주제 '길라잡이 네트워커는 자유롭다' 는 것이다.

이 책에서 뿐만 아니라 네트워크 마케팅 사업에서 추구하고 있는 핵심이 바로 자유롭게 되는 것이기 때문이다.

자유롭게 되는 것은 모든 출발선의 목표이며 당면한 과제이다. 다시 말해서, 여기서 말하는 '목표' 는 성공적인 네트워크 마케팅 사업을 구축해 보상을 받는 것을 넘어서서 자유롭게 되는 것이다.

'성공으로 가는 길은 계속해서 변화한다' 라는 말과 같이 이러한 변화에 적응하기 위해서는 자유롭게 되는 것이 매우 중요하다.

네트워크 마케팅은 자유 사업이다. 네트워크 마케팅에 참여하라. 그러면 당신은 모든 자유를 누릴 수 있다.

길라잡이는 자유롭다. 항상 선택할 수 있는 위치에 있어 자유롭다. 하고싶지 않은 일을 할 필요는 없다. 선택한 일만을 하면 된다. 길라잡이가 되는 것은 단순히 기분 좋은 것 이상이다. 바로 '최상의 선택' 인 것이다.

당신은 길라잡이

이제 당신이 길라잡이 네트워커라면, 당신은 어떤 사람인가?

때로, 당신은 거리의 투사이다. 당신은 강인하고, 먼저 펀치를 날리는 사람이다. 당신은 철옹성이다. 아무도 그 벽을 뚫지 못한다.

때로, 당신은 달린다. 거리로 나가서 발 빠르게 움직여라. 어떤 일이 잘 해결되지 않으면 하던 일을 멈추고 다른 방법을 시도해 보라. 달리며 생각하고, 생각하며 달려라. 훨씬 잘 풀릴 것이다.

때로, 젊은이가 조언을 구하면 당신은 그들의 할머니, 할아버지

가 되어준다. 당신은 많은 경험과 지혜를 가지고 있다. 도움이 필요한 젊은이들에게, 당신은 그들의 보호자가 되어줄 수 있다.

때로, 당신은 형 또는 누나가 되어준다. 젊은이들을 옹호해 주고, 그들의 일을 믿음직스럽게 처리해 주며 그들에게 일 처리 방법을 일러준다.

때로, 당신은 그들을 대신해서 일을 처리해 준다. 그러나 오랫동안 대신해 주지는 않는다.

때로, 당신은 연기(smoke)다. 당신은 바로 앞에 놓여 있는 목표를 향해 연기처럼 빠르게 퍼져나간다. 그 외 다른 것들에 대해서 마음을 두지 않는다.

당신은 때를 기다릴 줄 안다. 당신은 시기가 중요하다는 것을 안다. 당신은 결코 시간을 낭비하지 않는다. 당신은 능동적이다.

때로, 당신은 스타이다. 때에 따라서는 당신이 스타를 만든다. 때로 당신은 무대 한가운데 주인공으로 등장한다. 어떤 경우에 당신은 뒤에 있고 다른 사람들을 앞으로 내보낸다.

때때로, 앞에 나설 용기가 없는 사람이 있다. 그 때에는 그와 함께 나가서 그의 옆에 서서 마음을 안정시켜 줄 수도 있다. 그가 제대로 할 수 있게 되면, 당신은 살짝 빠져 나온다. 그는 당신이 다른 쪽 앞줄에 서서 사람들과 함께 그들을 격려하고 있는 것을 발견하고서야 당신이 무대를 빠져 나온 것을 깨닫는다.

때로, 당신은 사람들을 이끈다. 그러나 때로는 사람들을 따른다. 그리고 어떤 경우에는 아예 사라져 버린다. 당신은 경우에 따라서는 ?길을 비켜주는 것?이 최상의 방법이라는 것을 알고 있다.

때로, 당신은 한꺼번에 이 모든 역할을 해야 한다. 그러나 대부분의 경우에는 한번에 한가지 역할만 하면 된다. "사업을 돌봐라"—엘비스 프레슬리가 자주 했던 이 말은 길라잡이 네트워커가 매일 같이 하고 있는 일이다. 길라잡이 네트워커는 어떻게 사업을 하는가? 어떤 방법이든, 모든 방법을 총동원해서 사업을 진행한다.

자신의 방법대로 실행하라

지금까지 길라잡이 네트워커의 특징을 알아보았다. 그러나 사실 당신이 이 특징에 모두 부합될 것이라고 생각되지 않는다. 나도 물론이다.

그렇다면 당신은 다른 사람들에게 어떻게 보일 것인가.

길라잡이 네트워커가 정말로 어떻게 보이는지 알고 싶다면, 다음의 방법을 시도해 보라.

이 책을 읽어라. 길라잡이 네트워커의 방식 중 당신이 할 수 있는 모든 것을 골라 보아라.

당신이 할 수 있는 것들과 할 수 없는 것을 구별한다. 할 수 있는 것을 실행하라. 할 수 없는 것은 하지 않는다(다른 사람이 어떻게 말해도 상관하지 말아라).

그리고 나서 당신이 가르치거나 교육한 사람, 당신이 성공하도록 도와준 사람에게 물어 보아라. 당신이 그들에게 어떻게 보이는가를.

그러면, 당신은 한 명의 길라잡이 네트워커가 어떻게 보이는지 알게 될 것이다. 길라잡이 네트워커의 한 예가 바로 ?당신?이다. 물론 다르게 보이는 길라잡이 네트워커의 예도 수없이 많다. 하지만 네트워크 마케팅은 '똑같은 판박이'를 찍어내는 사업이 아니다.

내가 당신에게 무엇이라고 얘기하든, 또는 누가 당신에게 무엇이라고 얘기하든 네트워크 마케팅은 '왕도'가 따로 없는 사업이다. "당신의 방식대로 행하라"

지금 내 임무는 당신을 제2의 나로 만들려는 것이 아니다. 나는 할 수 있는 한 당신이 나와 뚜렷하게 구별되어지기를 바란다.

내 임무는 수년간 걸쳐 내가 습득한 길라잡이 네트워커의 모든 노하우를 당신에게 전수하는 것이다. 당신은 몇 시간 동안 이 책을 읽고 생각할 시간을 가지기만 하면 된다.

거짓말에 속지 않거나 궁지에 몰리지 않으면서, 성공적인 네트워크 마케팅 사업을 구축할 수 있는 노하우를 습득하라.

당신은 시간과 돈을 절약할 수 있다. 또한 문제에 봉착했을 때 손쉬운 대처 방안을 터득함으로써 당신의 행보를 늦추지 않을 수 있다. 더불어 당신은 내 성공담을 통해 교훈을 얻을 수 있다.

나아가 내 실패담을 통해 더 많은 교훈을 얻을 수도 있다.

여기서 내 실패담 한 가지를 소개한다. 잠시 시간을 내어 '도시 촌놈'이 어떤 일을 했는지 살펴보자.

"우물안 개구리" 네트워커

처음 이 사업을 시작했을 때, 나는 세상 물정을 너무도 모르고 있었다. 도시 한복판 23층 건물에 폼잡고 앉아 있는 풋내기였을 뿐이다. 23층 창 밖을 내다보면서 항상 '큰 건수'만을 찾고 있었다. 더할 나위 없이 좋은 '큰 건수'만을. 나는 '도시 촌놈'이었다.

처음 했던 일은 내가 첫번째 등록한 MLM회사에서 호감이 가는 첫번째 남자를 붙잡아 후원을 받은 것이었다. 그 다음 시내 중심가 고층 건물에 멋진 사무실을 임대했다. 위치도 매우 좋았다. 지역 유지들과 가난하면서 돈이 필요한 사람들을 겨냥하여 신문광고를 냈다. 직원을 한 명 고용하고 여기 저기 전화를 걸었다.

내가 파산 당한 것은 비용이 10만달러가 넘어선 1년 후였다. 주머니를 뒤져 보았자 땡전 한 푼 없었다.

나를 후원해 주던 후원자는 보이지 않았다. 아무리 찾아도 만날 수가 없었다. 내가 등록했던 '잘 나가던 MLM회사'는 FDA(식품위생국)와 한바탕 전쟁을 치르고 있었다. 바꾸어 말하면 경찰에 구속되어 있었다. 누가 손해를 보았겠는가?

불쌍한 로버트, 바로 내 자신이었다.

그 시점에서, 내게는 내가 원치 않았던 것들만이 남아 있었다.

엄청난 빚더미, 첫번째 네트워크 마케팅 사업에서의 실패감, 아무런 전율을 느낄 수 없는 의욕 상실, 부모님이 물려주신 단조로운 사업, 땅바닥에 곤두박질한 자존심, 무엇을 해야할 것인가 모를 정도로 상실된 방향 감각—. 그러나 한 가지, 무엇을 하지 말아야 할 것인가에 대해서는 확실히 알게 되었다!

이제, 내가 원했던 것은 아무 것도 남아 있지 않았다.

…내가 원하는 모든 것을 할 수 있고, 내가 가지고 싶은 것을 가질 수 있도록 해주는 돈.

나는 내 시간과 인생의 주인이 되지 못했다. 따라서 나는 자유롭지 못했다.

나는 아직도 내 시간과 인생을 소유하지 못하고 있지만 내가 원하는 것을 알고 있다. 성공적인 전업 네트워크 마케팅 사업이라는 것을.

이 비전을 나는 단 한 순간도 잊어버린 적이 없다. 그동안 그 비전을 무대의 한 가운데 세우는 방법을 배웠으니까.

무대 중앙

나는 K. 딘 블랙 박사에게서 일찍이 교훈을 얻었다.

당신의 마음 한가운데 자리잡고 있는 것이 무엇이든, 그것을 확대시켜라.

당신은 일이 잘 안되거나, 모든 일이 망가지고 엉망진창이 되거나, 일이 잘못될 경우에 대해 생각할 것이다. 그러나 이러한 생각들은 멀리 날려 버려라. 당신의 성공 비전을 무대 한 가운데 올려놓고 오직 앞으로만 전진하라.

내가 이 사업을 처음 시작한 '도시 촌놈' 시절은 '똑똑해지기' 위한 전초전이었다. 나는 네트워크 세계의 방식을 배우기 위해 거리로 나섰다. 어떤 경우에도 비전을 잃는 법 없이 계속해서 배워 나갔다. 이런 마음 자세 덕택으로 나는 어려운 상황을 여러번 헤쳐 나갈 수 있었다.

이제 내 인생에는 내가 원하지 않는 것이 더 이상 존재하지 않는다.

또한, 내가 원했지만 가지고 있지 않았던 것들을 이제는 가지고 있다.

당신은 계속 돈을 세어 보는가? 나는 계속 세어 본다. 이유는? 재미있기 때문이다. 내 돈은 이제 10만달러 단위를 돌파했다. 이 돈은 내가 길라잡이 네트워커가 되는데 있어 중요한 비결을 상기시켜 주었다. '사업을 올바르게 하는 방법'과 '올바르게 사업을 함으로써 얻게되는 혜택'에 관한 비결이다. 그러나 모든 사람이 이 비결 알고 있는 것은 아니다.

이 비결은 바로 이것이다.

길라잡이 네트워커는 즐거운 시간을 가진다

즐거운 시간은 네트워크 마케팅이 추구하는 생활 방식이다.

이제, 나의 모든 순간이 즐거움에 차 있다. 왜냐하면 길라잡이 네트워커가 되는 법을 배웠기 때문이다. 그리고 이 방법을 이제 당신에게 전수하고자 한다.

놀(play) 준비가 되었는가?

좋다. 이제 게임 시간이 되었다.

어떤 '게임'인지 궁금한가?

네트워크 마케팅 게임이다. 우리는 이를 '가속화 된 인생 게임'이라고 부르기로 하자.

CHAPTER TWO

내게 중요한 사람들

어느 정도 성공을 거두고 돈도 벌기 시작하자 문득 문득 '실패의 가능성' 이라는 깊숙한 수렁에 발목이 잡힐 수도 있다는 불안감이 엄습했다. 그러나 이러한 불안감 자체가 수렁이라는 사실은 깨닫지 못하고 있었다. 사실, 이러한 불안감 때문에 사업에도 자주 브레이크가 걸리는 것 같았다.

"로버트, 넌 승리를 목전에 두었지만 실패의 가능성이 더 많아"

엄습해 오는 불안감에 제동을 걸 방법을 찾는 것이 절실해졌다. 그때 누군가 내게 웨인 다이어 박사의 테이프 〈한계를 모르는 사람〉 시리즈를 권했다. 그 테이프를 거의 귀가 닳을 정도로 듣고 또 들었다.

나는 그 테이프에서 내 인생에 필요한 교훈을 발견했다.

나도 모르는 사이에 나는 모든 종류의 한계를 내게 만들어

놓았다. 한계란 존재하지 않는 것이며, 내게 도움도 되지 않을 뿐만 아니라 필요치도 않다.

대부분의 한계는 스스로가 만들지만 그 사실을 깨닫지 못할 뿐이었다. 이 사실을 깨닫는 순간 내 눈과 귀가 활짝 열렸다. 이 경험을 통해 나는 성공한 다른 사람들의 이야기를 무엇이든 읽고 듣고 공부했다. 학습방법은 뷔페식사법. 우선 조금씩 가져다 맛을 본 후 입맛에 맞는 것만 많이 가져다 먹는 식이었다.

성공에 확신이 생겼다. 때문에 우선 내 개인적 성장과 발전에 주력했다. 이 이야기를 하는 이유는 이 사업이야말로 개인의 발전을 위한 사업이라는 사실을 깨우쳐 주기 위해서다.

여기서 중요한 원리가 또 한가지 있다.

길라잡이 네트워커에게는 좋은 멘터(mentor)?가 있다.

'멘터'란 믿을 만한 친구, 또는 충고를 해줄 수 있는 사람을 말한다. 사람들은 보통 멘터(코치, 선생님 또는 지도자)란 자신의 주변에 있으면서 늘 조언과 삶의 지혜를 알려주는 사람이라고 생각한다.

그러나 반드시 그럴 필요는 없다. 주변에 있는 것이 중요한 것이 아니라 멘터라는 존재 자체가 중요한 것이기 때문이다.

항상 내 옆에 있는 첫번째 네트워크 마케팅의 멘터는 로버트 네티욱이었다. 그러나 내가 로버트를 만나기 전에는 웨인 다이어라는 멘터가 있었다. 테이프를 통해 그를 알게 됐지만 만난 적은 한번도 없었다. 그는 내게 실존하고 있는 멘멘터를 찾도록 일깨워 주었다.

내가 멘터들의 이야기를 하는 것에는 두가지 이유가 있다. 첫 번째는 그들이 누구이며, 무엇을 가르쳐 주었는가. 가르침이 의미 하는 바는 무엇인지에 대한 소개이며, 두번째는 당신이 지금 당장 멘터를 찾도록 하기 위함인 것이다.

이것이 바로 길라잡이 네트워커가 해야할 일이다.

루돌프씨, 분명히 해둘 것이 있습니다. 당신이 눈썰매를 끌어보고 싶다면 딱 한 가지 방법이 있습니다. 당신이 회사에 프론트 라인으로 등록하고 도녀, 블리젠, 코멧, 큐피드와 다른 사람들을 당신의 다운으로 등록시켜야 합니다. 그리고 당 신 그룹의 수입 중에서 20%를 나에게 준다는 약속을 하는 것입니다.

거래는 하지 말아라

앞에서 말했던 것처럼, 나는 '최고의 거래'를 찾아다니는 사람이었다. 그렇다면 첫번째 멘터인 로버트 네티욱이 내게 해준 첫번째 조언은 무엇이었을까. 그것은 '거래를 해서는 성공할 수 없다'는 것이었다.

"거래를 해서 성공한 경우는 아주 드물다네"

문제는 내가 로버트의 이야기를 귀담아 듣지 않은데 있었다. 물론 이해를 못한 것은 아니었다. 그저 마음에 두지 않았을 뿐이었다.

나는 박람회장에서 네트워크 마케팅 부스를 차려놓고 있었다. 그 곳에서 옆 부스의 피에르를 만났다. 그는 최신판의 프로급 우편 명단을 확보하고 있다고 말했다. 이 명단에 올라 있는 사람들은 연락을 받으면 곧바로 답신을 보내올 것이고 등록을 할 것이라고 했다.

피에르는 내가 3000달러 짜리 그 우편 명단을 구입하면 내게 등록하겠다고 했다. 우물안 개구리였던 나는 진짜로 거래가 성사될 것 같은 냄새를 맡은 것이었다.

나는 3000달러를 내놓고는 앉아서 돈이 내 우체통에서 쏟아져 나오기를 기다리고 있었다.

그러나 아무 것도 나오지 않았다.

네티욱이 옳았다. 피에르는 사라졌고, 나는 내 돈을 찾기 위해 법정까지 가야했다. 그러나 그때까지만 해도 돈을 찾을 가능성은 매우 희박했다. 뿐만 아니라, 법정에 가는 것은 내 사업 구축에 매우 부정적인 영향을 끼쳤다.

결국, "길라잡이"와 "우물안 개구리"의 차이였다.

멘터가 공짜로 해준 교훈을 체득하기 위해 큰 것 3장을 날려버린 것이다. 비싼 교훈이었지만, 그만큼의 가치는 있었다. 물론 내 멘터의 이야기를 듣는 것이 훨씬 쌌지만 말이다.

그러나 나는 그때까지 네트워크 마케팅의 길라잡이가 되지 못했다. 나는 여러 해 동안 계속해서 수많은 거래를 성사시켜 보려고 애를 썼다. 그리고 그때마다 네티욱의 말이 옳다는 것을 깨달았다.

거래로 성사되는 일은 매우 드물었다. 여기서 배운 것은, 거래를 성사시키려고 한다면 우선 양측의 기대 사항을 명확히 해두고, 거래 조건은 결과에 상응하는 것이어야 한다는 점이다.

이제 나는 다른 사람들의 멘터가 되었기 때문에 그들에게 "성공적인 거래란 아주 드물다"고 내 경험담을 들려준다. 그러면 그들 중 몇몇은 이를 실제로 이해한다. 당신도 알다시피, 성공에 이르는 특별한 거래란 없다. 네티욱도 그것을 이야기해 주었던 것이다.

제자들을 제대로 가르쳐라, 그리고 포기하지 말아라.

멘터로서 해야할 중요한 임무중 한가지는 제자들이 쓸데없는 고생을 하지 않도록 도와주는 것이다. 그러나 때때로 고집이 센 학생들을 만나면 어려움을 겪게 마련이다. 나도 고집이 센 학생이었다. 나는 순순히 따라 하지 않았다. 그렇지만 고집스럽게 제 방식을 주장하는 사람은 나름대로의 이점을 가지고 있기도 하다. 후원자는 이런 유형의 학생들에게 중점을 두기 때문이다.

이 사업에서 성공할 수 있는 중요 방법 중의 한 가지는 "따라 하기"다. 당신의 후원자는 자신이 해왔던 노력을 당신이 따라하도록 도와줄 것이다. 그렇게 되면 당신은 자신의 하위 라인 사람들을 똑같이 도와 줄 것이고, 그 밑의 하위라인도 마찬가지가 된다.

만약 당신의 하위 라인 중 누군가가 "내 방식대로 하겠다"고 고집을 피운다면 —마치 옛날의 나처럼— 당신은 어떻게 하겠는가?

로버트 네티욱이 내게 사용한 처방은 간단했다.

그는 단지 내 곁에 있었다. 아무리 내가 고집 불통의 우물안 개구리 식으로 행동한다고 해도 결코 나를 포기하지 않았다.

한번은 그에게 그 이유를 물어보았다.

"로버트, 이 사업에서는 사람들을 미리 판단해서는 안되네. 그리고 배울 의지가 있는 사람을 절대로 포기하지 말게. 자네가 내 충고를 진심으로 받아들이지 않을 때, 나는 한걸음 뒤로 물러나 있었지. 자네가 자네 방식대로 해볼 수 있도록 말이야. 왜냐하면 나는 자네가 진정으로 '성공하기를 원한다'는 것을 알고 있었기 때문이야. 어쨌든 자네를 절대로 포기하지는 않았다네. 더 중요한 것은 자네는 스스로를 절대 포기하지 않았다는 사실이네. 나는 자네가 현명한 사람이라는 것을 알고 있었고, 지름길을 시도해 보다가 이것이 아니라는 것을 자네가 깨닫게 되리라는 것도 알고 있었네"

현명한 사람은 최고의 멘터이다. 인내심 있는 사람 또한 그렇다. 네티욱은 현명하고 인내심 있는 사람이었다.

자신에게 정직하라

로버트 네티욱에게 배운 또 한가지 교훈은 다음의 사실이다.

"로버트, 다른 사람 앞에서 자신을 가장하려고 하지 말게. 마음에서 우러나오는 진실을 이야기하게. 자네가 진실을 이야기 할 때 자네의 내면으로부터 영적인 마케팅이 나타나게 되지"

"영적인 마케팅(inner marketing)?"

이것은 이 사업에서 진정한 마케팅의 힘을 표현하기 위해서 로버트가 고안한 용어로, 성공을 위한 열쇠를 의미한다. 나는 이 개념을 제대로 설명할 자신이 없다. 이 개념을 완전히 이해하고 싶다면, 그의 저서 〈영적 마케팅의 힘〉을 읽어 보라. 여기서 내가 할 수 있는 최선은 셰익스피어의 말을 인용해 보는 것이다.

"자기 스스로에게 정직해 지는 것, 이것이 최선이다"

이 말은 네티욱이 뜻하는 바와 가까운 의미이다.

네티욱은 또한 내게 '가치 vs 가치' 의 원리를 설명해 주기도 했다.

가치에 기초한 사업

네트워크 마케팅 기회의 핵심은 "가치 vs 가치"의 원칙에 도달하는 것이다. 궁극적으로 사업을 이끌어 가는 원동력은 판매할 제품이나 용역이다.

고객이 제품을 통해 실제적이고 가시적인 이익을 얻을 수 없거나 다른 곳에서 더 싼 가격으로 똑같은 결과나 더 나은 결과를 얻을 수 있다면 그 사업은 끝난 것이다.

그러나 네티욱은 내게 또다른 가치를 가르쳐 주었다. 그건 바로 내 자신의 가치였다.

"자네가 원하는 것을 얻기 위해 노력하는 동안, 자네는 현재 가지고 있는 것에 대해 감사해야 하네"

그의 말은 '자신의 가치'에도 감사하라는 것이다.

당신도 알다시피, 이 사업에 성공적으로 종사하는 사람들은 당연히 행복하지만 자신이 가지고 있는 만큼의 행복을 다 누리지는 못한다. 그들은 다른 사람들과 자신을 비교하고, 다른 사람들의 지갑을 보면서 "내가 ○○을 가지고 있다면 내 인생은 완벽해질텐데" 하며 발버둥치느라 너무 바쁘기 때문이다. 이것은 '내일'만을 바라보고 살고 있기 때문이다.

하지만 "내일"은 결코 오지 않는다. 자신들이 "언젠가는…"하는 사고 방식을 바꾸기 전까지는.

네티욱은 내 인생의 중요한 가치들을 감사히 여기는 방법을 가르쳐 주었다. 즉, 지금까지 내가 이루어 놓은 것에 대해 감사하고, 심지어 더 많은 것을 얻기 위해 노력할 때에도 감사하는 법을 가르쳐 주었다.

그는 "결국, 감사하는 마음이 자네에게 더 많은 부(富)를 가져다 줄 것이네. 자네가 지금 가지고 있는 것 그리고 현재의 자네 모습에 대해 만족할 수 있도록. 그리고 그곳에서부터 계속 앞으로 나아가게"라고 말했다.

그리곤 또 하나의 질문을 했다.

"로버트, 나무는 얼마만큼 성장한다고 생각하나?"

내 대답은 간단했다. "나무의 종류에 따라 다르겠지. 그리고 환경의 영향도 받겠지"

"맞았네, 로버트. 그렇다면 자네는 자네의 모든 잠재력을 어떻게 계발할 것인가?"

이것은 스스로의 힘으로 '나' 라는 종류의 나무를 키우고, 내 환경을 개선해야 한다는 가르침이었다.

주옥같은 네티웍의 가르침이 한가지 더 있다.

Q : 어떻게 다른 사람들이 나에게 충성을 맹세하도록 할 것인가?

A : 인생 최고의 가치들을 모아 다른 사람들의 평안과 즐거움을 위해 사용해 보라.

위의 두가지 교훈을 기억하라. 그러면 당신은 분명히 이 사업의 리더가 될 것이다.

질문의 대가(大家) 단 페일라

나의 또다른 멘터는 단 페일라이다.

단은 MLM 대가 중의 한 사람이다. 그는 '당근 작전'으로 자신의 제안에 긍정적인 반응을 유도하는데 뛰어난 재능을 가졌다. 또 한 명의 뛰어난 스승인 짐 론은 "사람들이 약속을 믿게 되면 그 대가를 지불한다"고 말했다.

네트워크 마케팅 사업의 '동기부여'에 최고의 능력을 보유하고 있는 페일라는 사람들이 스스로 구매하도록 만들고 약속을 믿도록 만든다.

"사업을 하고 싶은가"는 단의 질문방법이 아니다.

"당신은 당신 인생의 주인이 되고 싶은가?"

이 특이한 질문은 매우 설득력이 있다. 일단 이 개념을 받아들인 사람은 이 사업에 평생 몸바쳐 일하게 된다.

페일라가 내게 준 교훈들 중 중요한 또 한가지는 '도구의 이용'이다.

도구들(편지 · 오디오 테이프 · 책 · 비디오 · 브로슈어 등)을 적절하게 사람들 앞에 내놓았을 때 어떤 일이 일어나겠는가? 질문과 정확한 답변을 그 도구들이 해줄 것이다. 도구는 당신을 대신해 직접 만나는 (또는 직접 전화를 하는)방식으로 설명을 해준다. 여기서 얻는 여유 시간과 에너지는 도구가 대신할 수 없는, 사업상 아주 중요하고 직접 해야만 할 부분에 집중시킬 수 있다.

도구에 대해서는 나중에 더 상세히 얘기하자. 현재로서는, 당신이 사업을 효율적으로 구축하는데 있어 도구가 얼마나 강력하게 도움이 되는지를 이해한다면 대만족이다.

이 사업의 즐거움은 '재미있다'는 것이다

단과 그의 아내 낸시가 가르쳐 준 교훈에는 '이 사업에서는 판매를 즐길 수 있다'는 것도 포함된다. 그들이 발견한 것은 '네트워크 마케팅의 즐거움은 사람들을 이 사업에 참여시켜 함께 일할 수 있도록 만드는 능력과 비례한다'는 사실이다.

'참 열심히 사업을 하는 사람'으로만 당신을 생각한다면 누가 당신의 사업에 참여하고 싶어지겠는가. 그들도 이미 열심히 노력할 일거리를 가지고 있는데 말이다.

따라서 단은 밖으로 나가서 즐거운 인생을 사는 모습을 보여주었다. 그는 항상 알록달록한 하와이풍의 셔츠를 입고 다니면서 사람들에게 성공한 사업가처럼 보이기 위해 몸에 꼭 끼는 정장을 입고 다닐 필요가 없다는 것을 보여주었다. 특히 네트워크 마케팅 사업에서는 더더욱 그렇다는 것을 보여주었다.

황금 선원(Gold Ships)

단으로부터 배운 또 한가지 교훈은 '에너지는 사업에서 성취를 이루고자 노력하는 사람에게만 쏟아야 한다'는 것이다. 누구든지 이 사업에 대해 진지한 열정으로 성실하게 노력하는 파트너와 일하고 싶을 것이 당연하다.

　네트워크 마케팅 분야의 베스트셀러인 단의 〈입문: 성공적인 다단계 조직을 구축하는 방법〉에서 그는 이러한 사람들을 가리켜 '황금 선원'이라고 칭했다.

　그는 열정 없는 사람에게 기울이는 노력은 시간과 에너지의 낭비라고 했다. 그렇다면 열정 있는 사람은 어떻게 식별할 수 있을까?

　그것은 그들의 행동으로 알 수 있다. 열정이 없다면 행동으로 옮겨지지 않으니까(여기에 대해서는 추후에 더 자세하게 거론하자).

든든한 후원자가 당신 뒤에 있다

내가 단으로부터 배운 것 중 매우 멋진 방법 한가지.

당신이 신규 회원을 등록시키고 나면, 그 신입 회원이 상위 후원자들에게 자신의 가입 신청서 기록을 보내도록 한다.

　상위라인 사람들은 이에 대한 보답으로 자신의 그룹에 가입한 것을 환영하는 패키지를 발송한다. 이때에 적극적인 ―자신이 꿈꾸는 삶을 이룰 수 있도록 도와주고 있는― 후원자들이 여러명 있다는 사실을 신입회원들이 깨닫도록 중요한 정보를 포함시킨다.

　나는 이 방법을 시도해 성공을 거두었다. 실제로 이 방법은 훌륭했고 강력했다.

멘터와의 상담은 몇 번이나?

나는 네티욱, 패일라 그리고 다른 몇 명의 멘터(mentor; 좋은 조언자)들과 종종 어떤 경우엔 매일같이 이야기를 나눈다. 나는 다른 사람들과도 최소한 한 주에 한번씩은 이야기를 나눈다.

내가 이 사업에서 성공한 사람들로부터 공통적으로 느낀 것은 그들 모두가 많은 수의 조언자, 교육자, 코치들을 가지고 있다는 것이다. 사실, 더 크게 성공한 사람일수록 더 많은 조언자들이 있다.

멘터는 코치다. 그들은 당신에게 기본적인 지식을 가르쳐 주고, 당신이 궤도를 이탈하지 않도록 도와준다. 그들은 훌륭한 정보 창고이다. 당신이 정상적으로 혼자서는 생각해 낼 수 없는 새로운 아이디어와 접근 방식을 제공한다. 상담가, 교육자, 코치, 지도자 모두가 멘터가 될 수 있는 자질을 가지고 있다.

네트워크 마케팅에는 이런 이야기가 있다.

"당신 혼자 이 사업에 참여할 수는 있지만 혼자 힘으로는 아무 것도 할 수 없다"

적절한 멘터를 찾아라. 그들에게 풀기 어려운 내 자신의 문제를 이야기하고, 그들이 하는 말에 귀를 기울여라.

나는 몇 명의 멘터들과 계속적으로 연락을 취하고 만났기 때문에 성공할 수 있었다는 사실을 자신있게 말할 수 있다. 또한 성공에 가까이 갈수록 더 많은 멘터들을 만났었다는 것을 깨달았다.

나는 여기서 멘터에 대해 가장 중요한 사실을 몇가지 발견했다.

멘터가 먼저 나타난다. 그리고 나서 성공이 다가온다.

따라서 정말로 훌륭한 길라잡이 네트워커의 구비조건은 네트워킹 사업을 시작하는 순간부터 여러 명의 멘터들을 만나야 한다는 점이다.

할 수 있는 한 최고의 조언자를 구하라. 당신이 더 많은 멘터들을 만날수록 당신이 성공하게 될 가능성은 더욱 높아진다.

멘터에 대한 또 하나의 진리는 "배울 준비가 되었을 때만 스승이 나타난다"는 것이다.

현명하게, 지금 당장 배울 준비를 하라.

당신의 성공 확률은 시간에 따라 상승한다

내 또 한 명의 멘터는 앞서 말했던 짐 론이다. 그는 〈성공을 위한 7가지 전략〉을 썼고 테이프 시리즈로 〈당신의 인생을 충전하라〉를 만들었다.

〈당신의 인생…〉은 내가 들은 테이프 중 가장 훌륭한 것이다. 이 테이프에는 인생과 일에 대해 황금과 같은 지혜를 담고 있다. 이 지혜 중 한 가지가 ?성공 확률?이다.

누구든 처음으로 신규회원을 등록시키려고 했을 때, 성공 확률은 10명 중 1명 정도다. 학습 곡선은 지속적인 사업 추진 정도에 비례해 상승하게 된다. 당신의 성공확률도 마찬가지다.

얼마가지 않아 당신은 10명 중에 3명은 성공할 것이다. 그리고 나서 4명, 5명 등등. 모든 사람들은 학습 곡선과 확률 곡선을 경험하게 된다. 당신이 무엇을 하든 계속적으로 연습을 한다면 학습 곡선은 지속적으로 증진될 것이다. 이것이 바로 당신에게 설명할 법칙 중의 하나이다. 세상은 당신 편이다. 내가 좋아하는 짐의 이야기를 들어보자.

"당신이 사업을 올바르게 한다면, 당신은 부(富)를 모을 수 있고 주변에 좋은 사람들을 많이 모을 수 있다"

이것이 네트워크 마케팅의 진면목이다. 론이 일깨워준 또 한 가지는 "누군가 나(또는 함께 일하고 있는 사람들)를 찾아와서 동기부여를 해줄 때까지 마냥 앉아서 기다리고 있어서는 안된다"는 것이다. 만약 그 '누군가' 가 나타나지 않는다면 어떻게 하겠는가? 그렇게 되면 당신은 무엇을 할 수 있겠는가?

네트워크 마케팅에서 성공하려면, 당신은 스스로를 동기부여할 수 있어야 한다.

당신이 원하는 만큼 얻는다

또다른 멘터 로버트 안토니 박사는 '인생의 강' 에 대해서 설명하고 있다. 안토니 박사는 '인생의 강'에서 '당신이 무엇을 원하는가'에 따라 '당신이 원하는 것을 얻을 수 있다'고 말한다.

어떤 사람은 손가락에 골무를 끼고 강가로 내려간다. 그러면 어떻게 되겠는가? 그 사람은 골무에 담길 만큼의 물을 떠서 돌아온다.

어떤 사람은 티스푼을 가지고 간다. 그리고 돌아올 때는 티스푼에 담길 정도의 물만큼만 가지고 돌아온다.

즉, 당신은 준비한 만큼만 가지고 돌아올 수 있다. 만약 당신이 양동이를 가지고 간다면 양동이에 물을 가득 담아서 돌아올 것이다.

당신이 인생의 강에 가지고 갈 것은 당신의 '기대'이다.

인생에서 많은 것을 기대하지 않는 사람이 그보다 더 많은 것을 얻게되는 일은 매우 드물다. 당신은 자신의 성공에 스스로 놀라는 사람을 만날 때도 있을 것이다. 그러나 자세히 관찰해 보면, 그들은 자신이 깨닫지 못하는 사이에, 성공의 가능성을 향해 문을 더욱 활짝 열어 놓고 있었음을 알게 될 것이다.

이것이 삶의 자연 법칙이다. 누구든 자신이 원하는 것 이상을 얻을 수는 없다. 때문에 당신은 네트워크 마케팅이라는 끝없는 길 위에서 '성공을 싣고 다닐 수 있는 트럭'을 몰고 다니기를 권한다. 나는 이 원리를 깨달은 후부터는 초대형 유조차를 몰고 다닌다.

엠가드의 최근 437개의 우편물에는 다음과 같은 것이 포함되어 있다.(완벽하게 준비되어 있음). 모든 제품, 보상 플랜, 성공 경험담, 자신이 속해잇는 26개 네트워크마케팅 회사의 디스트리뷰터 신청서에 서명한 디스트리뷰터 신청서, 그녀는 이것을 "디스트리뷰터 찾기"라고 부른다.

우편으로 접속하기

스테판 캐넌과 찰스 포씩은 직접 우편에 대한 가능성과 모집 체계를 구축하는 방법에 대해 설명해 주었다.

많은 사람들이 직접우편방식을 '네트워크 마케팅의 접근방식으로는 별 볼일 없다'고 도외시하는데, 이는 좋지 않은 생각이다.

사업 전부를 지역별 모임이나 홈미팅 등을 통해 해결할 수 없는 이상, 우편의 이용은 성공 가능성을 높여주는 훌륭한 수단이다. 따라서 이 분야의 전문가에게 직접 우편 방식을 성공적으로 수행하는 방법을 배우는 것이 유리하다. 나 또한 이 방식을 택했다. 웨인 다이어가 이야기한 것과 같이 '사람들을 모을 수 있는 방법'에 제한을 두는 건 안된다. 직접 우편 방식도 적절히 사용하면 매우 효과가 높다.

포씩은 실천하기 쉬우면서도 효과가 큰 기술들을 많이 알고 있다.

그중 한 가지는 '특급 선분류 우편'의 이용. 물론 우체국에 가야 하는 불편은 있다. 나는 '환영메시지'를 신규 디스트리뷰터에게 특급 선분류 우편으로 발송한다. 이 우편 방식은 일반 특급 우편보다 비용이 훨씬 적게 든다. 나는 일정량의 우편물이 모일 때까지 기다려 함께 발송한다(선분류 우편으로 보내려면 최소한 100통의 우편물이 필요하다). 이 방식으로 수백 달러의 우표 요금을 절약할 수 있다.

또 다른 좋은 방법으로 찰스가 했던 방법이 있다. 여행을 하거나 회의 때문에 리조트에 묵게 될 때마다 여객선이나 호텔에서 (무료로 주는)우편 엽서를 얻는다. 그는 엽서에 알맞게 짤막한 길이의 글을 직접 쓴다.

예를 들면 ―"안녕하십니까? 멋진 컨벤션이었습니다. 당신이 참석하지 못해서 섭섭했습니다. 내년에는 꼭 만나 뵙기를 고대하겠습니다. 찰스"― 라고 쓸 수 있다. 그 다음 수 백장에서 수 천장을 복사해 우편으로 발송한다.

나는 네트워킹 사업을 수년간 같이 한 캐년의 우편방식(체계적으로 네트워킹 사업에 접근하는 기술)에서 많은 것을 배웠다. 네트워킹은 사업 구축을 위해 어떠한 기법을 사용하는가에 상관없이 커뮤니케이션 사업이다. 당신은 지역의 각종 모임을 통해 사람들에게 정보를 주고 그들을 활성화시킬 수 있다. 그러나 멀리 떨어져 있는 조직의 사람들과도 정보를 주고받으면서 생산성을 극대화시키고 탈락자를 최소화시켜야 한다. 이때 스테판은 편지나 카세트 테이프, 뉴스레터 등을 지속적으로 발송함으로써 커뮤니케이션 체제를 구축했다.

쉽게 실천할 수 있는, 또다른 커뮤니케이션 방법은 몇 명의 상위라인과 하위라인의 주요 리더들로 이루어진 팀 구성이다. 이들은 각기 다른 환영메시지를 신규 가입자들에게 우편으로 발송한다. 여기에 사업의 주요 가능성에 대한 소개와 관련 자료들을 함께 발송시킨다. 이러한 팀의 노력은 사람들을 (좋은 의미에서) 압도하며 진정한 차별화를 만든다.

내용의 차별화와 함께 시각적인 차별화도 무시해서는 안될 중요한 사항이다. 우편물이 초라하고 볼품없어도 곤란하고, 서너 번쯤 중복 복사한 듯이 흐릿해서도 곤란하다. 산뜻하고 정성이 깃들여 있어야 한다. 보내는 사람의 정성이 담겨 있지 않으면 받는 사람에게 메시지가 효과적으로 전달될 리 만무하다. 스테판처럼 자료나 접근 방식의 차별화는 다른 사람들의 관심을 마땅히 불러 일으키게 될 것이다.

내가 직접 우편 방식에서 배운 또 다른 효과적인 방식은 당신이 지불하는 모든 수표에다 사업 기회에 대해 적어 놓는 것이다. 어떤 사람이 봉투를 열어 보았을 때 수표 지급자로부터 개인적인 메모를 받았다고 상상해 보라. 조만간, 이 메모를 받은 사람들 중 한두 명은 당신에게 전화를 할 것이다.

삶을 소유할 것인가 —
아니면 일에 얽매일 것인가?

〈E 신화〉의 저자인 마이클 저버도 내 또 다른 멘터다. 내가 읽어본 것 중 최고의 책인 〈E 신화〉에서 저버는 "어떻게 효율적인 경영을 할 것인가"에 대해 설명하고 있다. 즉, 수백번의 프랜차이즈 사업으로 쌓인 노하우를 전수하듯이 턴키베이스 방식으로 사업 구축을 도와준다. 이는 물론 네트워크 마케팅의 기본이지만 말이다.

저버는 '소규모 사업가들은 사업이 아닌 일(직업)에 매달린다'고 했다. 다시 말하면 그들은 여전히 자신의 '일'에 쇠사슬로 얽매여져 있다. 이제 그들은 자신의 열쇠를 소유해야 한다. 이는 네트워크 마케팅에서도 마찬가지이다.

저버는 내가 돈을 목표로 일에 전념하도록 했다. 오랫동안 나는 네트워킹 사업을 하면서 진정으로 자유롭지 못하다는 것을 깨닫지 못했다. 그것은 내 사업이었지만 단지 직업에 불과했기 때문이다. 나는 사업에 너무 밀착돼 있어서 그 사실을 깨닫지 못했다. 저버가 그 사실을 깨닫도록 도와준 것이다. 그 사실을 깨달은 순간 나는 사업에 얽매이는 대신에 내 사업을 이끌어가기 위해 일을 하게 되었고, 그러자 세상의 모든 것이 달라졌다.

저버는 무엇을 해야할 것인가에 대해 다음과 같이 말했다.

당신이 구축한 사업의 미래를 시각화시켜라. 당신의 사업 미래를 이미 이루어놓은 사실로써 간주하라. 그리고 이 목표를 향해 전진하라.

신념과 협력

두 명의 멘터가 있는데, 다단계 마케팅 국제 협회(MultiLevel Marketing International Association) 회장인 도리스 우드와 업라인(Upline; 네트워크 마케팅 리더들을 위한 잡지)의 편집자 존 밀톤 포그이다.

내가 도리스로부터 얻은 많은 교훈 중 가장 중요한 것은 '신념'에 관한 것이다. 이는 사업에 있어서 절대적으로 중요한 사항이다.

당신의 신념을 면밀하게 관찰해 보라. 신념이 확고한가, 언행이 이에 일치하는가를 점검해 보자.

도리스는 네트워크 마케팅 회사의 막후 경영자가 누구인지를 확인할 것도 가르쳐 주었다. 과거를 알아야 그 사람의 미래도 점칠 수 있기 때문에 이는 매우 귀중한 충고였다.

훌륭한 멘터 중의 한 사람인 존 포그와는 좋은 친구사이이기도 하다. 존은 우리가 이야기를 나눌 때마다 —최소한 일주일에 한 번 이상은 만난다— 중요한 정보를 주었다.

다단계 업계에 대한 존 포그의 통찰력은 그가 이 업계에 기울인 노력에 상응하는 것이었다. 그의 통찰력과 열정은 매우 훌륭하다.

그가 발행하고 있는 〈업라인〉은 최고의 네트워크마케팅 전문 잡지이다. 나는 이 사업에서 내가 후원하고 있는 각 개인들에게 이 전문지를 선물한다.

〈업라인〉이 사업의 중요한 목적과 방법이 알차게 담겨져 있다는 것을 확신하기 때문이다.

이런 존이 내게 해준 가장 중요한 충고는 '협력'에 관한 것이었다. 존은 네트워크 마케팅에서 가장 중요한 분야인 '협력'의 대가(大家)이다. 그는 조직 내에서 활발한 협력 관계를 조성함으로써 상·하위 라인 모든 사람들에게 힘을 줄 수 있는 방법을 가르쳐 주었다.

지혜의 보석

4명의 중요한 멘터가 더 있다. 탐 빅 알 슈레이터, 행동하는 백만장자의 창설자이자 회장인 존 카렌치, 그리고 〈자리매김: 당신의 의지를 위한 투쟁〉의 저자 잭 트라우트와 알 리스 등이다.

탐 슈레이터가 발간하고 있는 〈빅 알〉에는 중요한 교훈이 많이 실려 있다. 꼭 꼬집어 말하기는 어렵지만 굳이 가장 중요한 것을 꼽자면, 네트워크 마케팅 조직 내의 '충성심 구축'이다.

〈빅 알〉에서 제시한 방법을 인용해 보자.

우선 이 사업에 열정적인 한 사람을 찾아라. 그리고 6개월 동안 함께 일하라. 4~5번 정도 이런 과정을 반복하면 성공적인 사업을 할 수 있는 굳건한 기반이 형성될 것이다.

그들은 함께 일하는 동안 당신이 알고 있는 모든 것을 배우게 되고, 이것이 그들의 기존지식에 더해지기 때문이다. 이건 신나는 일이다. 성공을 쟁취하기 위해서는 이같은 사람을 몇 명만 확보하면 된다.

이 원리를 처음 듣는 사람들 중엔 반신반의하는 경우도 많지만, 사실 매우 합리적인 방법이란 것을 깨달을 수 있다.

네트워크 마케팅 사업에서 가장 성공적인 후원자는 자신들의 조직내에서 가장 많은 수입을 창출할 수 있는 리더들을 두서너명 찾아낸 사람들이다.

이들 '핵심 인물' 들은 당신에게 충실하다. 왜냐하면 그들을 성공하도록 당신이 도와주었기 때문이다. 또한 그들이 자기 조직 내에서 똑같은 충성심을 구축했다면, 당신은 헌신적이고 강력한 네트워크 조직을 갖게 된 것이다. 이때에는 다른 사업에 당신 조직의 사람들을 빼앗길 것을 염려하지 않아도 된다.

이치에 맞는 이야기다.

그렇다면, 이렇게 '열정적인' 사람들을 어떻게 찾을 것인가? 탐 슈레이터의 말을 들어보자. ―그들은 진주와 같다. 그러나 사람들이 저지르는 가장 큰 실수는, 조개 속에 진주가 없다는 것을 알고 나서도 진주를 만들어내기 위해 온갖 노력을 다 한다는 것이다. 당신은 이것이 얼마나 어리석은 일인지 알 것이다. 그러나 사람들은 어찌되었건 이러한 실수를 계속 저지른다. 그들을 손에 잡기만 하면 되는 것을―

〈빅 알〉에서는 '그 안에 진주가 있든 없든 관계없이 조개를 그대로 두라' 고 충고한다. 당신의 임무는 어떤 조개 속에 진주가 자랄 것인지를 판단해서, 조치를 취하면 된다.

나는 또한 〈빅 알〉에서 제시한 '고객의 비전에 접근하는 방식' 을 좋아한다.

우선 질문을 한다.

"부수입을 올리고 싶어하는 분을 알고 계십니까?"

만약 그 사람이 부수입을 벌고 싶어하는 사람이라면 질문을 계속하라.

"당신은 일주일에 7시간에서 10시간 정도의 시간 여유가 있습니까?"

만약 상대방의 대답이 긍정적이라면, 그것으로 족하다. 이제는 자신의 사업 기회를 좀더 면밀하게 관찰해야 할 시기가 된 것이다. 이보다 더 간단하고 수월한 일은 없을 것이다.

존 커런치는 〈세계 역사상 가장 위대한 사업 기회〉라는 멋진 책을 썼다. 나는 이 책을 읽은 후에 혼자서 감탄을 했다. "야! 이것이 네트워크 마케팅이로구나!" 존의 책을 읽은 이후로 내가 네트워크 마케팅 사업에 대해 사람들에게 이야기 할 때에는 마치 커다란 선물을 주는 것 같은 느낌을 갖게 되었다.

사실상, 나처럼 당신도 그런 느낌을 가질 것이다.

또한 지금까지 당신이 예상고객을 공략할 때와는 전혀 다른 입장이 될 것이다.

존은 〈MLM에서 최고가 될 수 있는 방법〉에 대해 책을 썼다. 이 책에서 내가 배운 것은 성공을 하기 전에 먼저 이 사업을 하는 '목표'를 명확히 해야 한다는 점이다. 성공하기 위해서는 자신이 사업을 하는 목표가 명확해야 한다.

어려운 시기가 닥쳤을 때 당신에게 명확한 '목표'가 있다면 이는 강력한 버팀목이 된다. 이러한 버팀목이 없다면, 강풍이 조금 불기만 해도 당신은 쉽게 표류하게 된다. 편안한 시기에는 이러한

'목표'가 당신을 계속 끌어주어 더 큰 성공을 이룰 수 있도록 도와준다.

잭 트라우트와 알 리스는 둘 다 메디슨가에서 성공한 마케터로서 〈자아확립: 당신의 영혼을 위한 전쟁〉이라는 책을 썼다.

'자아확립'이란 사람들이 마음속에 자신은 어떤 사람이며, 자신의 제품은 무엇이고, 자신과 자신의 제품 가치는 경쟁자와 비교하여 어느 정도인가에 대해 스스로 설정해 놓은 자아상을 의미한다.

여기서 배운 귀중한 교훈은 '첫인상을 만들 수 있는 기회는 오직 한번 뿐'이라는 것이다. 이 때문에 자신과 자신의 제품, 네트워크 마케팅 사업 기회를 어떻게 소개할 것인가는 매우 중요한 일이다.

'자아확립' 개념과 이를 길라잡이 네트워커의 임무와 관련시키는 것은 매우 중요하므로 나중에 좀더 자세히 다루어 보도록 하자.

나는 옛날부터 아주 많은 멘터들과 함께 일했고, 현재는 물론 앞으로도 그럴 것이다.

어려운 시기가 아니라도 멘터들은 아이디어를 주고, 문제 해결 방책을 제시하며 시금석이 돼주는 가장 풍부한 정보원이다. 멘터의 도움을 받는 것은 이 사업을 활성화시키고 생산적으로 유지시킬 수 있는 최상의 방법이다.

멘터에게 당신의 활동 계획을 얘기하고, 당신이 그 일을 실천할 수 있도록 버팀목이 되어 줄 것을 부탁하라. 이러한 활동은 그 자체만으로도 매우 가치 있는 일이다.

이제 내가 이야기하고 싶은 마지막 멘터는 스테판 코비이다.

사업 패러다임의 변화

코비의 책 〈성공한 사람들의 7가지 습관〉 중 '패러다임의 변화'는 매우 감동적이다.

'패러다임'이란 우리가 사물을 바라보는 특정 방식을 의미한다. 우리는 세상 움직임의 방식을 나름대로 이해하는 패러다임을 갖고 있다. 때때로 개인의 패러다임은 다른 사람들의 패러다임과 중복된다. 때로는 문화 전체가 하나의 주어진 패러다임을 공유하기도 한다.

예를 들면, 미국 국민은 판매와 구매에 대한 패러다임을 공유한다. 정치와 정치인, 국가 경제, 육식가와 채식가의 가치 기준 등 보편화되어 있는 패러다임이 있다. 이러한 패러다임들은 고정돼 있지 않다. 어떤 사실에 근거해 설정되는 것도 아니다. 패러다임이란 단순히 의견의 흐름이다. 단지 사물을 이해하는 방식에 따라 형성된다.

당신이 길라잡이 네트워커라면 다운라인의 패러다임을 변형시켜야 한다. 네트워크 마케팅에 대한 취업과 기회, 판매와 구매, 심지어는 자신과 자신의 잠재력에 대한 패러다임까지도 변화시켜야 한다.

어떤 의미에서는 사람들의 패러다임을 건설적으로 변화시키는 것이 우리들이 '해야할 일'이다.

코비는 개인의 패러다임 변화에 대해 한가지 실제적인 예를 들었다.

어느날, 그는 뉴욕에서 전철을 탔다. 조용한 아침이었고 그는 꾸벅 꾸벅 졸고 있었다. 그때 한 사나이가 두 명의 시끄럽고 버릇 없는 아이들을 데리고 차에 올랐다. 이 아이들은 승객의 발을 밟고, 소리를 지르면서 전철 안을 난장판으로 만들기 시작했다. 심지어 한 승객의 신문을 낚아채서는 차 안 여기 저기에 버리고 다녔다. 이렇게 아이들이 소란을 피우는 동안에도 아이의 아버지는 가만히 앉아있을 따름이었다.

마침내, 코비는 더 이상 참지 못하고 아이의 아버지에게 다가가 나지막하게 말했다.

"이것 보세요. 댁의 애들이 좀 심한 것 같군요. 왜 말리지 않습니까?"

그러자 그 사내는 멍한 표정을 지으며 코비를 쳐다보고 이렇게 말했다.

"아, 그렇군요. 죄송합니다. 방금 병원에서 오는 길인데 애들 엄마가 죽었습니다. 아마 애들이 어찌해야 할 바를 모르는 것 같습니다. 저도 그렇고요. 소란을 피워서 죄송합니다"

내가 이 이야기를 통해서 배운 교훈은 옛날 미국 인디언들의 격언에서도 발견할 수 있다.

"당신이 누군가를 판단하려면 그의 모카신을 신고 1마일을 걸어 보아라"

코비 박사 덕택에 나는 사람들을 판단하는데 있어서 더욱 신중하게 되었다.

판단에 앞서 이 사업에서는 신중해지는 것이 필요하다.

나는 네트워크 마케팅 사업으로 진정한 성공을 거둘 수 있고, 그들 자신과 내 수입을 창출할 수 있다고 생각되는 사람들을 후원했었다. 그러나 그들은 4주만에 그만두고 말았다.

그리고 결코 성공의 기회를 잡을 수 없을 것으로 생각됐던 사람들은 오히려 슈퍼스타가 되었다.

겪어보기 전에는 결코 알 수가 없는 것이다. 성급한 판단은 금물이다. 로버트 네티욱의 말처럼 항상 사람들 곁에 있으면서 그들을 포기하지 말아라. 편지 봉투에 붙어있는 우표처럼, 그들이 목적지에 도달할 때까지 찰싹 달라붙어 있어라.

우리가 지금 당장 얻을 수 있는 결과는 우리의 신념 체계인 패러다임 ─우리가 사물을 보는 방식─ 의 축적이다. 사물을 보는 관점은 현실에 대한 우리의 자세에서 비롯된다. 이는 결과적으로 현실로 드러난다. 중요한 점은 바로 이것이다.

당신의 믿음을 변화시켜라. 그러면 당신은 세상을 변화시킬 수 있다. 당신의 믿음에 따라 당신의 인생은 엄청난 도약이 이루어진다.

코비는 그의 저서 〈원칙을 중시하는 지도력〉을 바탕으로 테이프를 제작했다. 이 테이프는 멘터에 대한 완결판이라고 할 수 있다.

테이프에서 코비는 청취자들에게 대학 시절로 돌아갔다고 가정하고 학창시절 내내 벼락치기 공부를 한 사람을 떠올려 보라고 했다. 그리고는 한 예를 들었다.

"나는 학점을 따기 위해 결석한 강의시간의 필기 노트를 사서 시험 때 벼락치기 공부를 했다. 이는 모두 미친 짓이었다"

그리고 나서 코비는 이렇게 물었다.

"벼락치기로 농장일을 해보시겠습니까?"

당신은 벼락치기로 농사를 지을 수 있다고 생각하는가? 재미있는 상상이다. 만약 당신이 제때에 가축에게 먹이를 먹이지 않는다면, 제때에 씨를 뿌리고 수확을 하지 않는다면, 이를 모두 벼락치기로 할 수 있는 방법이라고는 없다.

코비는 다음과 같이 지적했다. 당신은 손쉽게 학위를 받을 수 있었겠지만 얻을 수 없었던 것은 올바른 지식이다.

이는 네트워크 마케팅에서도 마찬가지이다.

당신이 벼락치기로 손쉽게 사업을 할 수는 있겠지만, 결과는 몇몇 사람에게 좋게 보인 것 외에는 없을 것이다. 당신이 받은 수표는 당신이 이루어 놓은 것을 있는 그대로 반영한다. 어떤 사람들은 이 사업에서 잠시동안 번지르르하게 보일 수 있다. 그러나 항상 문제에 부딪치게 된다.

내 멘터인 로버트 네티욱이 내게 해준 이야기가 있다.

"성공에 지름길이란 없다"

휴일 드라이브에 '방향 표지판'은 없다

왜 없는가? 그 이유는 목적지가 없는 사람에게 도로 방향 표지 자체가 무의미하기 때문이다. 만약 당신이 무엇을 원하는지 모른다면 당신은 휴일 드라이브를 하고 있는 것과 같다.

휴일 드라이브란 아이들을 차에 싣고 당신과 당신의 배우자가 무작정 거리로 나서는 것이다. 교차로를 만나도 어느 길로 갈까 고민하지 않는다. 어디로 가든 문제가 되지 않으니까. 즉, 휴일 드라이브를 하러 나온 것이니까 목적지가 없다. '어디에 도착하는 것'이 목적이 아니기 때문이다.

휴일 드라이브의 목적은 그냥 어디론가 가는 것이다. 당신이 집으로 돌아올 때까지 어디로 가든 문제가 되지 않는다.

이제, 네트워킹 사업을 휴일 드라이브처럼 한다고 가정해 보자.

휴일 드라이브 방식으로 이 사업을 하고 있는 사람을 알고 있는가? 그들이 성공할 가능성이 얼마라고 생각하는가?

네트워크 마케팅에서 성공하려면, 아니 다른 어떤 사업에 있어서도 당신은 당신의 목적지를 알고 있어야 한다. 물론 여행 그 자체는 재미있다. 그러나 단순히 제자리에서만 돌고 있는 여행은 재미가 없다. 문자 그대로 휴일 드라이브를 즐기고 있지 않는 한!

또한 휴일 드라이브에서처럼 목표 부재는 이 사업에 있어 사실상의 죽음(또는 최소한 주요 기관의 마비)을 의미한다. 당신이 어디로 가고 싶은지 알고 있을 때, 그리고 당신이 향하고 있는 곳에 대해 정확히 이해하고 있을 때, 교차로를 만나도 자신 있게 말할 수 있다. '좌회전' 또는 '우회전' 이라고.

　　이것은 목표가 있는 여행이다. 그렇지 않다면, 당신이 원하는 곳에 도착할 수 있는 가능성은 행운에 의존하는 길밖에 없다.

　　"행운에 맡긴다 해서 무슨 문제가 있는가. 자네는 운을 믿지 않는가?"

　　행운도 물론 중요하다. 그러나 당신의 인생, 재산, 가족의 복지와 미래를 행운에 맡기고 싶은가? 그럴 수는 없다.

　　그렇다면 당신이 가고 싶은 곳을 어떻게 알 수 있을까?

　　여기에는 두 가지 방법이 있다. 바로 ?목표?와 ?믿음?.

　　당신의 목표는 당신의 목적지, 즉 당신이 도달하고 싶은 곳이다. 목적지가 없다면 당신의 인생은 휴일 드라이브가 될 것이다.

　　내 친구 존 포그의 말에 의하면, 당신의 소신은 당신의 '습관', 즉 마음가짐의 습관이다. 이 소신은 당신의 목표를 달성할 수 있도록 도와주거나 아니면 당신의 목표를 이루는데 방해가 되는 장애물일 수 있다.

　　두 가지 모두 이미 당신의 마음에 습관으로 자리잡고 있어, 당신이 자세나 연설 습관을 개발하는 것처럼 당신이 개발해 간다. 여기서 좋은 소식은 습관이란 바꿀 수 있다는 것이다. 당신은 습관을 바꿈으로써 당신이 필요로 하고 원하는 것을 달성하는데 도움이 된다.

　　여기에 대해 다음 장에서 이야기를 나누어 보자.

용어설명

· 멘터(mentor) : 선도자(善導者), 좋은 조언자, (지도)교사. 네트워크 마케팅에서는 스폰서를 비롯한 업라인들, 사업성공에 큰 도움을 주는 책이나 테이프, 비디오 등을 만든 사람을 말한다.

· 길라잡이 : street smart= streetwise=도시의 물정에 밝은, 도시 서민생활에 정통한. 네트워크 마케팅에서는 건전한 사업자로서 모든 사업방식과 리더십, 교육방법 등에 있어서 완벽한 사람을 일컫는다. 말보다는 행동으로 실천하고 모범을 보여주는 사람이다.

CHAPTER THREE

목표 세우기

모든 행동을 지배하는 잠재적인 토대는 두뇌회전의 습관이다. 이 습관은 현실을 이해하는 기초가 된다. 이는 스테판 코비가 주장한 패러다임 중의 하나다. 만약 어떤 일이 비현실적이고 가능하지 않다고 생각된다면 —아무리 당신이 그 일을 원하고 있다 하더라도— 당신은 그 일을 하지 않을 것이다.

만약, 당신이 '한 달에 1만 달러를 벌 수 없다'고 믿는다면 —다시 말해서, '1달에 1만 달러를 벌 수 있다'고 믿지 않는다면— 당신은 그와 같은 수입을 벌어들일 수가 없다.

최근 발간된 〈업라인〉에서 로클린 더피는 다음과 같이 쓰고 있다.

"확신이 없다면 실천도 없다. 정보만으로는 실천에 옮기지 못한다. 실천은 믿음에서 비롯된다. 이는 행동을 유발시키는 연료이다. 믿음이 크면 클수록 연료 또한 더욱 강력해지고 힘을 갖게 된다"

강력한 실천력은 이 사업 또는 다른 사업에서도 성공의 주요한 열쇠이다. 당신의 정신은 —우리 모두의 정신은— 컴퓨터와 매우 흡사하다. 컴퓨터의 첫번째 원리는 무엇인가?

GIGO. '쓰레기가 들어가면 쓰레기가 나온다(Garbage In—Garbage Out)'이다. 나쁜 자료를 입력시킨 컴퓨터에서는 나쁜 자료만 나온다. 보통은 입력시킨 것보다 훨씬 더 나쁜 자료가 나온다.

우리의 정신도 GIGO와 마찬가지다. 만약 당신이 대다수 사람들의 경우라면 어렸을 때부터 엄청난 양의 '쓰레기'와 '나쁜 자료'들을 입력시켜 왔을 것이다. 그럼에도 불구하고 그 사실조차 깨닫지 못하고 있다.

"No, No, No, No, No…"

어린아이가 'Yes'라는 대답을 한 번 들을 때마다 'No'라는 대답을 17번 듣는다는 사실을 알고 있는가? 믿기지 않겠지만 이것은 내 이론이 아니다. 과학적인 통계로 입증된 사실이다.

이러한 현실이 어린아이들의 정신에 미치는 영향에 대해 생각해 보자. 어린아이의 사고 습관 형성에 영향을 미치는 요인은 12가지나 된다고 한다.

이제 계산기를 꺼내라. 한 어린아이가 하루에 'Yes'라는 대답을 22번 듣는다고 가정해 보자. 그렇다면 이 아이는 하루에 'No'라는 대답을 몇 번 듣겠는가? 계산해보면 374번이라는 숫자가 나온다.

스폰지처럼 무엇이든 쉽게 흡수하는 어린이들의 정신에 이렇게 엄청난 양의 부정적인 요소들이 입력된다. 1년에 'No'라는 대답이 13만6500회 이상 입력된다. 어린아이가 8세~9세가 될 때면 이 아이가 듣게 되는 'No'는 100만번에 육박할 것이다.

이 시기를 우리는 '형성기'라고 부르는데, 이러한 시기를 거친 아이들의 대부분이 성인이 되었을 때 '할 수 없다'라는 믿음을 갖게 되는 것은 당연한 일이다. 우리는 수 십년간 —문자 그대로 수 백만번 이상— 이러한 방식으로 프로그램 돼 왔다.

GIGO.

그렇다면, 우리는 어떻게 해야 할 것인가?

프로그램을 다시 재작업해야 한다. 이 작업에서는 두 가지만 간단하게 바꾸면 된다. 실제로는 한 가지를 두 번 바꾸면 된다.

'G'는 '쓰레기(Garbage)'를 의미한다. 이제 'G'를 '금(Gold)'으로 바꾸어 보자. 금이 들어가면 금이 나온다(Gold In— Gold Out).

이제부터는 완전히 새로워진 'GIGO'가 탄생한 것이다.

사고 방식

이제, 당신은 사고(思考) 습관을 바꾸기 위해서 의식적인 노력을 해야 한다. 사고 습관이 사업성공에 매우 중요한 역할을 하기 때문이다.

당신의 평소 생각은 당신 자신이나 주위사람들의 정서에 따라 결국 습관화 된다. 습관화된 사고에 대해서는 달리 생각할 필요가 없어진다. 즉, 당신은 자동적으로 행동하고, 생각하고, 믿게 된다.

당신은 신발 끈을 묶는 것에 대해 고민하지 않을 것이다. 그 냥 묶을 것이다. 당신의 다른 모든 사고 습관도 이와 마찬가지이 다. 즉, 습관화되어 굳어져 버린 것이다. 당신은 한번 굳어진 사고 에 대해서는 더 이상 생각하지 않고 당연한 것으로 받아들인다. 그 런데 불행히도 과학적 연구에서 보았듯이, 당신과 내가 갖고 있는 사고 습관중의 대부분이 'No' 사고 습관이다. 즉 '우리는 할 수 없 다', '가질 수 없다', '될 수 없다'의 사고 습관이다.

이러한 사고 습관들은 오랜 시간에 걸쳐서, 알게 모르게, 천 천히, 하나씩 하나씩 몸에 배었다. 따라서 똑같은 방법을 통해 이 러한 사고 습관들을 바꿀 수 있다. 하나씩, 하나씩 바꾸어 가는 것 이다. 여기서 다행인 것은 우리가 사고 습관을 만든 만큼 바꾸는데 오랜 시간이 걸리지 않을 것이라는 것이다. 왜냐하면 이번에는 의 도적으로 사고 습관들을 바꾸기 때문이다.

사고 습관 변화시키기

나쁜 사고 습관을 없애려고 애쓰지 마라. 만약 당신이 나쁜 사고 습관을 없앤다면 당신의 정신에는 공백이 생기게 되고, 당신 은 이 공백을 서둘러서 채우고 싶은 강박관념을 느끼게 된다. 이는 진공상태와 같아진다.

여기서 당신의 의지력은 중요하지 않다. 사실, 의지력이 강할 수록 이러한 정신의 공백은 더 빨리 그리고 더욱 열심히 채워질 것이다.

당신이 하고 싶은 일은 옛날의 부정적인 사고 습관을 긍정적이고 도움이 되는 사고 습관들로 대체시키는 것이다. 즉, '쓰레기(Garbage)'를 의미하는 G를 '금(Gold)'을 의미하는 G로 바꾸는 것이다.

당신이 해야 할 일은 당신의 마음가짐을 변화시키는 것이다.

과거에 당신의 사고 습관을 변화시켜 본 적이 있는가? 어려웠는가?

자신하건데, 그렇게 어렵지는 않았을 것이다. 우리는 항상 우리의 사고 습관을 바꾸기 때문이다. 도리어 이는 쉬운 작업이다.

따라서 지금, 당신이 해야할 일은 당신의 사고 습관을 체계적으로, 그리고 의도적으로 원하는 방향으로 변화시키는 것이다.

사고 습관 한 가지를 선택하라. 어떤 사고 습관이라도 상관없다.

예를 한 가지 들어보자. 농구에 관한 사고 습관이다.

나는 농구를 운동 삼아, 재미로 한다. 20대에 시작해서 매우 빠르게 농구를 익혀 나갔다. 나는 손의 힘이 좋았고 경쟁적인 스포츠를 즐겼다. 왜냐하면 내 성격이 경쟁적이었고 팀 스포츠를 잘했다. 나는 정말 팀 플레이어였다.

그러나 내 체격은 적합하지 않았다.

당신도 알다시피, 대부분의 농구 선수들은 체형이 마른 타입들이다. 나는 그렇지 않았다. 그렇게 키가 큰 편도 아니었고, 그렇게 마른 체형도 아니었다. 한마디로 농구 체질이 아니었다. 뿐만 아니라 고등학교나 대학 시절에는 농구를 한 적이 없었다.

그러나 나는 농구를 좋아했다.

따라서, 수비형의 농구 기법을 개발했다. 다른 사람들의 경기를 혼란시키고 가장 잘하는 농구 선수들을 방해했다. 그러나 슛에는 자신이 없었다. 나는 다른 팀으로부터 공을 낚아채서는 코트 위를 날쌔게 달려가 골대에 공을 멋지게 쏘아보고 싶었다. 그러나 슛을 하는 대신에 나는 그 공을 팀 일원에게 패스해 주었다.

나는 머릿속에 '나는 훌륭한 수비수'라고 입력시켰다. 그리고 실제로 훌륭한 수비수였다. 더불어 내 머릿속에 '나는 훌륭한 공격수는 아니다'라고 입력시켰다. 그리고 실제로 아니었다. 사실, 나는 훌륭한 팀 플레이어라는 것을 내세워 슛을 하지 않는데 대한 핑계를 만들었던 것이다. 나는 슛을 잘하는 동료에게 공을 패스해서 '내가 공을 쏘지 않은 것이 옳은 선택이었다'는 것을 입증하고 싶어했다.

주변의 사람들은 내 게임방식 대해 평가하면서 나의 강점, 약점, 개선점 등에 대해 지적해 주었다. 그들 충고 중 많은 부분이 훌륭하고 값진 것들이었다. 그러나 공격적인 역할에 대해서는 전혀 도움이 되지 못했다. 그들은 모두 마음속에서 '로버트는 공격수가 아니다'라는 딱지를 붙여 놓았던 것이다. 그러던 중 나는 우연히 몇 년전에 대학의 농구팀들을 대상으로 한 연구 논문을 발견했다. 그것은 다음과 같았다.

농구팀 학생들을 세 그룹으로 나누어서 첫번째 그룹은 매일 체육관에서 30분씩 슛 연습을 시켰다. 두번째 그룹은 매일 30분씩 슛을 한 공이 바스켓에 들어가는 상상을 하도록 했다. 그러나 이 그룹의 학생들은 체육관이 아니라 방안에 앉아서 상상만을 했다. 세번째 그룹은 아무 것도 하지 않았다.

연구자들은 실험에 앞서 이 학생들의 슛 적중률을 조사했다. 한달 동안에 걸친 이 실험의 결과는 정말 놀라운 것이었다.

아무것도 하지 않은 그룹은 아무런 발전이 없었다. 사실 그들의 점수는 얼마간 떨어졌다. 체육관에서 연습을 한 첫번째 그룹의 신장률은 24%였다. 그리고 마음속으로만 연습했던 그룹의 신장률은 23%였다. '실제로' 매일 연습했던 학생들과 1%의 차이만을 보였다.

나는 이 논문을 읽은 뒤로 마음속으로 '코트'에서 슛한 공이 골인되는 상상을 하기 시작했다. 어떻게 되었을까? 나는 당장 시합에서 골을 넣기 시작했다. 나는 매우 빠르게 득점할 수 있다는 자신감을 갖게 되었고, 옛날에는 남에게 양보했던 슈팅의 기회를 내가 직접 하게 되었다. 이 시점에서, 매우 쉬운 공도 놓친다는 비난을 다른 사람들로부터 들었지만, 내게는 문제가 되지 않았다. 나는 그들의 의견을 중대한 문제로 받아들이지 않았다. 슛한 결과 득점의 기회를 잃는 것은 그다지 중요한 일이 아니었다. 중요한 것은 내가 성공적인 공격수가 되는 것이었다. 이것만이 유일한 관심사였으며, 이 관심사는 마음 한 가운데 자리잡으면서 점점 커져갔다.

요즘은 대학시절 농구를 했던 친구들과 시합을 해도 결코 물러서지 않는다. 나는 강력한 경쟁자이자, 불굴의 수비수이며 ─자화자찬이지만─ 대담하고 우수한 공격수이다. 이것이 나의 사고습관이다.

긍정적인 자기 암시와 이를 창의적으로 시각화시키는 것은 매우 효과적이다.

이제, 나는 이런 과정이 어떻게 일어나는지 정확히 인식하게 되었다.

마음속에 어떻게 그림을 그릴 것인가, 잠재의식 또는 이와 같이 마음속에 있는 영상들을 어떻게 사실로 받아들일 것인가 등등. 그러나 이러한 방법이 얼마나 효과적이건 간에 중요한 것은 노력을 기울여, 모든 사고 습관들을 자신에게 도움이 되는 사고 습관들로 재프로그램 시켜야 한다는 점이다.

사고 습관에 대한 또다른 좋은 이야기가 있다.

부정적인 사고 습관들을 변화시키기 위해서 현재 어떤 부정적인 사고 습관을 가지고 있는지 알아야 할 필요는 없다.

대신에, 당신에게 도움이 되는 긍정적인 사고 습관들을 여러 개 골라 실행에 옮겨라. 부정적 사고 습관이 긍정적으로 대체되는 과정이 자동적으로 일어날 것이다.

당신은 긍정적인 사고 습관을 인생의 모든 영역에 걸쳐 만들고 싶을 것이다. 그 방법은 앞에서 얘기한 것과 같이 간단하다. 긍정적인 문장을 사용하라. 이때 이미 성취한 사실처럼 과거 시제로 이야기하라. 당신의 이름을 처음, 마지막 또는 양쪽에 모두 사용하라.

이 과정은 좀 더 빨리 그리고 좀 더 강력하게 가속화시킬 수 있다. 당신에게 긍정적인 사고 습관 중의 하나를 발견하는 순간 잠시 멈추어서 눈을 감고 (운전할 때는 예외이다) 자신의 모습을 그려보아라. 어떤 모습이든 자세하게 ―모습 · 냄새 · 소리 등 모든 것을― 아주 자세하게 그려보아라.

예를 들면, 나는 중요한 농구 시합에서 팀의 스타 플레이어가 된 내 자신의 모습을 상상해 보았다. 관중들이 환호하고 있다. 나는 커다란 트로피를 탔다. 그리고 백만달러 짜리 수표도 탔다. 아, 얼마나 신나는 일인가.

이해되었는가? 당신이 꿈꾸고 있는 것을 자세하고 세밀한 경험으로 만들어라. 그리고 기억하라. 당신의 마음은 이 모든 경험을 듣고, 보고, 그리고 스스로에게 전달한다.

"야, 저것봐, 로버트 팀이 또 농구 경기에서 우승했다. 이번 시즌에서 32번째 우승이야! 와! 로버트는 정말 훌륭한 선수야!"

이 방법은 매우 효과적이면서도 간단하다. 시도해 보라.

당신이 진정으로 원하는 서너 가지 사고 습관들이 머릿속에 떠올랐으면, 지금 당장 그 목록을 만들어라. 아래 공란에 그 사고 습관들을 정리한다. 한가지 기억할 것은 당신의 이름을 적어 넣고, 그 사고 습관들이 지금 당장, 이루어진 것처럼 문장을 만드는 것이다.

"_____(당신의 이름)은 백만장자이다. …는 매우 성공적인 네트워커이다. …는 날씬하고 아름답다" 당신이 원하는 것이 무엇이건 간에 효과가 있을 것이다. 아래에 사고 습관 4가지를 지금 적어 넣어라.

1. _____
   _____
2. _____
   _____
3. _____
   _____
4. _____
   _____

훌륭하다. 이제 3×5 크기의 카드나 포스트-잇 등을 준비해서 집안 곳곳에 붙여 놓아라. 전화기 옆에도, 차 안에도 붙여 놓아라. 그리고 가능한 한 자주 매일 같이 이 사고 습관들을 읽어라.

돈이 될 수 있는 것에 대해 이야기하라

사고 습관 변화 작업을 가속화시킬 수 있는 요술이 있다. '자기 암시 테이프'의 사용이다.

종이에 긍정적인 사고 습관들을 적었으면, 이 쪽지를 가지고 다니면서 30초에서부터 1, 2분 정도 큰 소리로 읽어라. 그 다음으로는 아래와 같이 실행해 보자.

• 30, 60 또는 90초 짜리 '연속'(endless loop) 테이프롤 구입하라. 이 테이프는 보통 전화 응답기에 사용되는 테이프이다.

- 전화 응답기에 테이프를 설치하고 자기 암시를 녹음하라.

  일반 녹음기로 녹음을 해서는 안된다. 일반 녹음기를 사용할 경우, 연속 루프 테이프가 계속 돌아가서 이미 녹음해 놓은 위에 다시 재녹음을 할 것이다. 자동 응답기는 테이프가 한번 회전하고 나면 자동으로 멈춰진다.

  모든 골칫거리들을 자동응답기의 테이프에 녹음한다. 녹음할 때에는 인사말을 녹음할 때처럼 테이프의 송신면을 이용한다.

- 바로크풍의 음악을 배경음악으로 사용한다. 느린 박자의 아다지오 타입이 좋다. 예를 들면 유명한 파셸벨, 카논 또는 바흐의 〈G선상의 아리아〉와 같은 음악들이 있다. 실험 결과 이러한 종류의 음악들은 녹음된 메시지가 당신에게 전달되도록 도와주며 메시지 수용 능력을 크게 확장시켜 주고, 더불어 당신의 기억력도 증가시켜 주는 것으로 입증되었다.

  자기 암시 테이프를 녹음할 때 다른 녹음기를 사용하여 배경음악을 함께 녹음한다.

- 각각의 사고 습관들을 세번씩 반복한다.

  첫번째는 당신의 사고 습관이 무엇이든 "나는 _____..." 라고 말한다.

  두번째는 '그' 또는 '그녀' 라는 표현을 사용한다.

  세번째는 당신의 이름을 사용한다. 나의 사고 습관 중의 하나를 예로 들어 테이프에 어떻게 녹음하는지 보기로 하자.

"내 몸매는 균형이 잡혀있다. —건강과 활력이 넘친다"

"그의 몸매는 균형이 잡혀있다. —건강과 활력이 넘친다"

"로버트 버트윈의 몸매는 균형이 잡혀있다. —건강과 활력이 넘친다"

이 원리는 다음과 같다. 녹음된 내용은 당신의 정신에 가장 강력한 방법으로 동시에 입력된다. 3은 마술의 숫자이다. 한 사물에 대해 세 번 반복할 때 가장 잘 이해할 수 있다는 과학적 연구가 있다.

또한 '나' '그' 또는 '그녀' 그리고 '자신의 이름'을 사용함으로써, 일반적으로 정보가 전달되는 모든 경로를 통해 메시지가 전달된다. (1) 당신 자신으로부터, (2) 당신이 알지 못하는 사람으로부터, (3) 당신이 알고 있는 사람으로부터. 이는 지금까지 당신이 사고 습관을 형성해 온 경로이며 또한 새로운 사고 습관을 형성할 수 있는 완벽한 방법이기도 하다.

당신의 테이프가 완성되었다면, 어느 곳이든간에 기회가 있을 때마다 테이프를 들어라. 차 안에서, 샤워 중에, 옷을 입는 동안에, 잔디를 깎으면서, 조깅을 하면서 테이프를 들어라. 테이프를 듣기에 가장 좋은 시간은 하루 일과를 마칠 때 또는 아침에 눈을 뜨고 난 직후이다.

이 때 당신의 정신은 수용력이 가장 높다. 또한 볼륨을 낮추고 밤새도록 틀어놓는 것도 한 방법이다. 비록 당신이 깨닫지 못하

겠지만 긍정적인 메시지들이 계속적으로 전달된다. 당신의 귀와
잠재의식은 당신이 곤히 잠들어 있을 때에도 완전히 깨어있다.

매우 짧은 시간내에 당신은 인생의 부정적인 요소들을 대체
할 수 있는 긍정적인 자료들을 충분히 입력시켰다. 이는 당신의 모
든 사고 습관들을 성공을 향해 '재정비' 하기 위한 최상의 방법이
다.

이제, 네트워킹 사업에서 당신에게 힘을 줄 수 있는 사고 습
관들을 구축하기 위해 구체적으로 접근해 보자. 여기서 네트워크
자기 암시 테이프를 만드는 것도 좋은 방법이다. 그러나 네트워크
마케팅 사업을 위한 성공 사고 습관을 형성하는데 다음의 방법보
다 더 좋은 방법을 나는 아직까지 발견하지 못했다.

네트워크 마케팅을 위한
5가지 확고한 사고 습관

다음은 네트워크 마케팅에서 성공하는데 도움을 줄 수 있는 5
가지 사고 습관의 목록이다.

〈 습관 1 〉 네트워크 마케팅에 대한 긍정적인 신념

존 카렌치의 책 제목에서와 같이 네트워크 마케팅은 '세계 역
사상 가장 위대한 사업 기회' 이다.

이 말에 대해 어떻게 생각하는가. 만약 이 말을 믿는다면 당
신이 이 사업에서 성공할 가능성은 얼마라고 생각하는가?

최고 90%가 될 것이다. 다른 것은 아무 것도 필요 없다. 이

사업이 '세계에서 가장 위대한 기회'라고 절대적으로 흔들리지 않는 확고한 믿음을 가지고 있는 한 당신의 성공 기회는 높다.

옛 속담에, 성공은 90%의 열정과 10%의 기술로 이루어진다고 했다. 네트워크 마케팅을 어떻게 하는 것인지 거의 아는 바가 없는 사람들이 성공할 수 있는 것은 그들은 이 사업이 멋진 기회임을 확고하게 믿고 있기 때문이다.

이렇게 생각해 보라. 당신이 사람들에게 팔고 있는 것은 '사업 기회'가 아니다. 당신은 오늘날 고용 시장의 폭풍우 치는 바다에서 구명 보트를 팔고 있는 것이다.

아니, 고용 시장이 아니라 '실업(失業)시장'이라고 하자.

'평생 직장'이라는 말을 기억하고 있는가? 이 말은 오늘날의 직장인들과 깊은 연관성이 있다. 이제 더 이상 '평생 직장'이라는 개념은 없다. 이는 다시 말해서 당신의 미래, 자녀의 미래를 보장받기 위해 일종의 소득 대책안을 마련해 놓아야 한다는 것을 의미한다.

당신의 직장은 1년 안에, 한달 안에 또는 일주일 안에 사라질 수도 있다. 따라서 지금 당장 이에 대한 대응책을 네트워크 마케팅과 함께 준비하는 것이 얼마나 쉽고 마음 편안한 일인가를 생각해 보라. 실업의 총구와 직면할 때까지 기다리지 말고 말이다.

이제, 이것을 상상해 보라. 폭풍우 치는 바다에서 배 갑판 위에 서 있다가 어떤 사람이 물에 빠져 익사하기 직전에 놓여 있는 것을 발견했다. 당신은 구명보트 바로 곁에 서있다. 당신은 이 보트의 실질적인 가치를 계산하면서 망설일 것인가? 아니면 보트를 내릴 것인가?!

이것이 바로 당신이 현재 처한 상황이다.

첫번째 사고 습관을 또 다르게 설명하자면, 만약 사람들이 네트워킹에 대해 진정으로 이해하고 있다면 모든 사람들이 참여하고 싶어할 것이라고 확신하는 것이다.

만약 진정으로 이러한 믿음을 갖고 있다면 당신은 다른 사람들에게 어떻게 행동할 것이라고 생각하는가? 쉽게 예상할 수 있을 것이다.

이와 같은 믿음을 가지고 있는 사람은 이 사업에 참여하도록 다른 사람들에게 권유하는 것을 선물을 주는 일이라고 생각한다. 이는 사실이다.

이것이 바로 '영적인 마케팅'의 힘이다.

"나는 예상고객을 모집하는 것이 아닙니다. 나는 당신에게 말할 수 없이 귀중한 선물을 하는 것입니다. 살펴보지 않으시겠습니까?"

확고한 사고 습관

이러한 사고 습관은 다른 사람들을 교육하고 도와주고 싶어하는 열정을 낳는다. 네트워크 마케팅이 무엇이며, 어떻게 진행되고, 무엇을 판매하고 있는지를 사람들이 진정으로 이해한다면 이 사업에 참여하고 싶어할 것이다. 따라서 당신의 접근방식은 사람들을 교육하는데서 시작되어야 한다. 이 사업이 진정으로 추구하는 바가 무엇인지 사람들이 이해하도록 도와주는 것이다. 그렇다면 그들의 반응은 어떻게 나오겠는가?

내 경험으로 장담하건대 그 결과는 긍정적이다. 당신은 무언가를 팔려고 하는 것이 아니라 교육시키려고 하는 것이기 때문이다. 즉 일반적인 사업과는 전혀 다른 사업이다. 꿀이 아니라 꿀을 만드는 벌을 잡는 사업이다. 또한 사람들은 진정으로 배우고 싶은 욕구가 있기 때문이다. 특히, 항상 원하는 자유와 좀더 의미 있는 생활을 영위하고 싶어하는 그들은 부수입을 벌 수 있는 사업을 알고 싶어한다.

따라서, 첫번째 사고 습관은 네트워크 마케팅이 세계 역사상 가장 위대한 기회라는 것이다.

〈 습관 2 〉 우리 회사는 훌륭한 회사이다.

두번째로 당신이 참여하고 있는 회사에 대한 확고한 믿음을 습관화시켜라. 어떤 사람이 자신이 일하고 있는 회사를 '그저 괜찮다' 는 정도로 생각하고 있다면 그 사람의 성공 가능성은 얼마나 될까?

확실한 대답은 "전혀 없다" 는 것이다.

습관적으로 당신의 회사를 이 업계의 선두주자라고 생각하라. 당신의 회사는 위상을 떨치고 있고 이 업계의 임무를 실행하고 있으며 디스트리뷰터의 복지와 고객을 위한 열정을 가지고 있다고 생각하라. 회사 경영 방침을 존중하라. 당신 회사를 위해 챔피언이 되어라.

그렇다고 당신이 실제로 그렇게 생각하지 않는데 그렇게 생각하는 것처럼 가장하라는 의미는 아니다. 당신이 참여하고 있는 회사에 대해 당신이 믿음을 가지고 있는지 확인하라. 그리고 나서,

이 믿음을 기초로 해, 당신이 다른 사람들과 이야기할 때, 이 믿음을 앞으로 내놓고 무대 중심에 세우는 연습을 하라.

그렇다고 모든 다른 회사들을 경시하라는 것은 아니다. 절대로 그렇게 해서는 안된다. 당신이 다른 회사에 대해 질문을 받았을 때 다음과 같이 답변하는 것이 바람직하다.

"저는 이런 저런 회사에 대해서는 알지 못합니다. 저는 이런 회사에서 일하고 있습니다. 제가 이 회사를 선택한 이유에 대해서 말씀드리지요"

네트워크 마케팅에서 당신이 다른 회사들을 경시한다면 이는 네트워크 마케팅 전체를 경시하는 것이 된다. 여기에 대해서 생각해 보아라. 만약 당신 회사만이 전 업계를 통틀어 유일하게 훌륭한 제품, 훌륭한 사람, 그리고 훌륭한 계획을 가지고 있는 회사라면 누가 네트워크 마케팅에 참여하고 싶어지겠는가? 당신만이 훌륭한 프로그램을 가지고 있다?!(당신은 그렇게 말할 것이다). —엉터리 업계 내에서 말이다. 결국 사람들은 모두 도망가 버리고 말 것이다.

당신 회사에 활력을 불어 넣어주는 사람이 돼라. 다른 사람들에 대해 험담을 퍼뜨리는 사람이 되어서는 안된다.

만약 당신이 그렇게 할 수 없다면 어떻게 될까? 당신이 일하고 있는 회사와 함께 협력해 일할 수 없다면 어떻게 될까? 당신의 회사가 위상을 갖추고 있지 못하다면, 사람들을 공정하게 처우하지 않는다면?

회사에 따끔한 일침을 주어라. 그들과 함께 협력하라. 그들이 나아질 수 있도록 도와주어라. 그래도 회사가 나아지지 않는다면 ―또는 하고자 하지 않는다면― 그 회사를 그만 두어라.

여기까지가 이야기의 전부이다. 당신과 당신의 네트워크 마케팅 회사는 파트너이다. 만약 당신이 당신의 파트너를 사랑하지 않거나 존중하지 않는다면 당신이 협력할 수 있는 사업은 없다.

당신은 당신 회사에 대해 확고하고 지속적인 믿음을 가지고 있어야 한다.

〈 습관 3 〉 당신의 제품을 믿어라

로버트 네티욱이 내게 준 '가치 중의 가치'에 대한 교훈을 기억하고 있는가? 가치중의 가치는 제품의 가치를 의미한다.

네트워크 마케팅 원리 중에서 가장 많이 사용되는 진리가 있다.

"당신은 제품중의 제품이 되어야 한다"

이를 간단하게 말하자면, 제품을 직접 사용해 보아야 한다는 뜻이다. 적극적으로, 그리고 열정적으로 당신은 제품을 사랑해야 한다. 그리고 이 제품이 우수하다고 생각해야 한다.

어떤 사람은 이렇게 생각할 것이다.

"이것은 사업이다. 물론 제품은 좋아야 하지만 ―내 생각에는— IBM 직원들이 반드시 자기 회사의 컴퓨터를 좋아해야 하는 법은 없다는 것이지. 나는 IBM 직원들이 경쟁사 컴퓨터 가게에서 나오는 것을 보았어. 그게 어쨌다는 거야?"

중요한 것은, 이 사업이 네트워크 마케팅이라는 것이다. 이 사업의 원동력은 입에서 입으로 전하는 말의 힘이다. 이는 세계에서 가장 강력한 마케팅 기법이다. 만약 당신이 당신의 제품을 좋아하지 않는다면 누구도 당신의 제품에 대해 관심을 가지지 않을 것이다. 또한 이 사업에서 당신이 제품을 가지고 있지 않다면, 당신은 아무것도 가지고 있지 않은 셈이다.

수요가 많은 제품은 우수하고 독특하며 특별하기 때문이다. 이는 네트워크 마케팅의 무기이다. 만약 우수한 제품이나 서비스를 보유하고 있지 않다면 당신은 고전을 면치 못할 것이다(또한 그렇게 성공적인 것은 아니라고 하더라도, 최소한 어느 정도의 가치를 보유하고 있는 제품이 없다면 당신은 네트워크 마케팅 사업을 할 수 없다. 결국 당신은 피라미드 사업을 운영하고 있는 셈이 된다. 이는 불법이다!).

당신은 사람들에게 강한 인상을 심어 줄 수 있는 제품이나 서비스를 보유하고 있어야 한다. 이것이 사업에서 판매를 구축하는 방법이다. 이 사업은 고전적인 의미의 '판매'가 아님을 명심하라.

따라서 팔아야 할 제품을 가지고 돌아다닐 필요가 없다. 제품은 품질이 우수하고 따라서 당신이 매우 좋아하는 것이어야 한다. 그 제품의 우수성과 함께 '나는 어떠한 효과를 보았다'는 것을 사람들에게 이야기해주고 제품의 사용을 권유하면 된다. 만약 제품이 마음에 들지 않는다면 환불해 줄 것을 약속한다.

　　이러한　시나리오 덕택으로 네트워크 마케팅이 더욱 강성해질 수 있다. 사는 사람과 파는 사람 양쪽 모두에게 도움이 되는 제안을 거절하기란 어려울 것이기 때문이다.

　　"제가 좋아하는 훌륭한 제품이 있습니다. 당신도 마음에 들 것입니다. 만약 당신의 마음에 들지 않는다면 환불해 드리겠습니다"

　　이는 성공적인 방법이다.

　　또한 당신이 제품중의 제품이 되어야 하는 또 다른 이유가 있다. 제품에 만족한 고객에서 출발한 디스트리뷰터의 성공률이 다른 어떤 경우보다도 높기 때문이다. 따라서 당신은 승리를 거둘 수 있는 제품군을 보유하고 있어야 한다.

　　제품 이외에 다른 이유로 1000명이 넘는 조직망을 가질 수 있다. 그러나 아무도 제품을 사용하지 않고 아무도 주문을 하지 않는다면 결국 당신의 사업은 실패할 수밖에 없다. 아무런 소득이 없을 테니까.

　　당신은 제품이 매우 우수하고 큰 가치를 보유하고 있어서 사업 기회 때문이 아니라고 하더라도 단지 제품을 구매하기 위해 사람들이 구름떼 같이 모여들기를 바랄 것이다.

　　제품의 가치를 시험해 볼 수 있는 방법이 있다.

　　만약 회사가 내일 문을 닫는다고 한다면 당신은 재고품을

즉각 처분할 것인가. 아니면 회사에 연락해서 더 많은 제품을 확보할 수 있는 방법이 있는지 알아볼 것인가?

당신 제품이 큰 성공을 거둘 것임을 믿어라. 이것은 네트워크 마케팅 성공의 중요한 열쇠이다.

〈습관 4〉 "나는 성공할 것이다!"

영어에서 가장 많이 사용되는 동사가 무엇인지 아는가? 'will' 이다.

"나는 위대한 승자이다. 나는 성공할 것이다!(*I am a great success—I WILL succeed!*)"

"나는 위대한 승자이다. —나는 성공할 것이다!(*I am a great success—I WILL succeed!*)"

"나는 위대한 승자이다. —나는 성공할 것이다!(*I am a great success—I WILL succeed!*)"

"나는 위대한 승자이다. —나는 성공할 것이다!(*I am a great success—I WILL succeed!*)"

"나는 위대한 승자이다. —나는 성공할 것이다!(*I am a great success—I WILL succeed!*)"

"나는 위대한 승자이다. —나는 성공할 것이다!(*I am a great success—I WILL succeed!*)"

"나는 위대한 승자이다. —나는 성공할 것이다!(*I am a great success—I WILL succeed!*)"

재빨리 해 보라. 당신은 성공할 것인가? —예 또는 아니오?

자문해 보라. "성공하기 위해서는 무엇이 필요한가? —나는 성공을 위해 필요한 일을 기꺼이 할 의지가 있는가?" 만약 당신의 답이 '아니오'라면 당신은 첫번째 장애물과 마주치게 되었을 때 스스로 포기를 하고 이를 합리화시키기 위해 장애물을 핑계거리로 삼을 것이다.

자, 이렇게 설명해 보자. 학교 운동장에 모래판이 있다. 나는 모래판으로 가서 당신이 여태껏 보아온 것 중 가장 큰 다이아몬드 4개를 모래 위에 놓고 삽으로 주변의 모래를 퍼서 다이아몬드 위에 쌓아올렸다. 그리고 다음과 같이 말한다.

"이제, 이 삽을 가지고 가서 다이아몬드를 파내십시오"

이제 당신은 큰 삽으로 모래를 퍼 올릴 것이다. 그러나 다이아몬드는 찾을 수가 없었다. 참으로 안타까운 일이다. 그러나 이 때문에 포기한다는 것은 말이 안된다. 그렇지 않은가? 당신은 이제 한 삽을 퍼 올렸다. 그렇다고 당신 팔이 너무 지치기 전에 물러나는 것이 당연하다고 생각하는가?

절대로 그렇지 않다. 당신은 내가 그곳에 다이아몬드를 갖다 놓는 것을 보았다. 따라서 다이아몬드가 그곳에 있는 것을 안다. 결국 당신은 모래판에 갖다 놓은 다이아몬드 4개를 모두 찾을 때까지는 포기하지 않을 것이다.

당신에게 세상과 그 안에 살고 있는 사람들을 볼 수 있는 신의 눈을 선사하고 싶다. 그 눈을 통해 인생의 모래판에 4개의 다이아몬드가 당신과 함께 사업을 하기를 기다리며 있다는 것을 보여주고 싶다.

내가 확언할 수 있는 것은, 다이아몬드가 그곳에 있다는 사실이다. 그리고 당신은 그 다이아몬드를 찾을 수 있다는 것이다. 당신이 삽질을 멈추지 않는다면 말이다.

"그러나 나는 삽질하는 방법을 전혀 모르겠다"

그것은 문제가 되지 않는다. 여기서 중요한 것은 당신의 꾸준한 실천력이다. 적극적이고 긍정적인 자세가 습관화된다면 그 방법은 어떻게든 발견하게 될 것이니까.

종종 사람들은 방법을 모른다는 이유로 중도하차 한다. 매우 안타까운 일이다.

당신은 007 시리즈에서 007 첩보요원인 제임스 본드가 항상 스스로를 궁지에 몰아 넣는 것을 보았을 것이다. 그는 적의 요새로 곧장 걸어 들어가서는 적과 함께 앉아서 술 한잔씩을 나눈다. 그때까지도 그는 어떻게 적을 쳐부술 것인가에 대한 계책이 없다. 그러나 그는 '반드시 이긴다' 는 확고한 신념을 가지고 있다. 이러한 사고 습관을 네트워크 마케팅 사업에서도 가지고 있어야 한다.

당신 인생에 힘을 불어넣을 수 있는 유일한 방법은 이 사업을 하고 있는 동기를 명확히 해야 한다는 것이다. 그 동기가 크면 클수록 좋다.

당신이 네트워크 마케팅 사업을 하는 동기가 한 달에 몇 백달러를 벌기 위해서라고 가정해 보자. 이것도 하나의 '동기' 가 될 수 있다.

이번에는, 당신이 일년에 백만달러를 벌고자 하는 동기가 가난한 아이들의 학비를 조달해 주기 위해서라고 가정해보자.

이 2가지 '동기' 중 어떤 동기가 당신에게 매일 아침 쏘아 올린 로케트처럼 침대에서 벌떡 일어나도록 힘을 줄 것인가? 동기가 클수록 성취를 향한 힘도 더 솟아나는 법이다.

또한 당신이 꿈을 성취하기 위해서는 능력 있는 사람들로부터 많은 도움을 받아야 한다. 이것은 모든 사업에서 성공을 거둘 수 있는 비결이다. 마크 야넬은 '자신이 감당할 수 있는 것보다 더 큰 목표를 가지라'고 했다. 마크는 이러한 목표야말로 이 사업에서 큰 성공을 거둘 수 있는 중요한 열쇠가 된다고 말했다. 그의 이야기는 옳다.

그렇지만 자신의 능력을 망각해서는 안된다. 당신이 스스로를 책임질 수 있을 때까지는 아무도 돌보아 줄 수 없다. 그렇다고 '내가 먼저'라는 사고 습관을 가지라는 것은 아니다. '자신을 우선 책임질 수 있어야 한다'라는 것을 기억하라.

"나는 성공할 것이다"

이제, 이 생각을 습관화시키는 작업을 시작하자.

〈 습관 5 〉 쇼와 이야기의 명인

"네트워크 마케팅은 교육 사업이다"

단과 낸시 파일라의 이야기다. 또한 우리의 사업이 무엇인지를 진정으로 이해하고 있는 사람이라면 모두 이렇게 얘기한다.

"나는 쇼와 이야기의 명인이다. 나는 훌륭한 선생님이고 동기를 부여하는 전문가"라는 생각을 습관화시키자.

다른 사업은 어떤지 몰라도 네트워커 마케팅에서 자신의 성공과 직접적으로 관련이 있는 것은 다른 사람들의 성공을 도와주는 일이다. 때문에 사람들 앞에 나서서 가르치는 것을 쑥쓰러워 해서는 안된다. 아무리 당신보다 나은 사람들이라고 해도 말이다. 당신이 사람들을 가르쳐서 그들이 당신을 능가하게 될 때 당신이 얻게될 성공의 기쁨만을 생각하라.

당신에게 이런 능력이 있다면 즉, 학생들이 당신을 능가할 수 있도록 교육할 수 있다면 이는 멋진 일이다. 만약 당신에게 아직 이러한 능력이 없다면 최대한 노력해서 능력을 키워라.

여기서 매우 확고한 믿음으로 꾸준히 지속시켜야 할 습관은 다운들이 성공하도록 가르치는데 있어 '나는 대가' 라는 생각이다. 말하자면 자신을 '스타 메이커' 라고 생각하는 것이다.

이러한 믿음은 당신이 이 사업에서 성공하기 위해 반드시 갖추어야할 필수 요소이다.

나는 "당신이 미쳤다"고 믿는다

이러한 '믿음' 중 많은 부분이 다른 사람에게는 '미친 것' 으로 보여진다. 최소한 처음에는 미친 짓으로 보여질 것이다. 즉, 단 한번의 시도조차 안해본 사람이 가만히 앉아서 "나는 내가 성공할 것을 믿는다"고 혼자 중얼거릴 수 있겠는가. 이것보다 더 나쁜 상황은 노력은 해보았지만 실패한 케이스다.

잠시 생각해 보자. 존 F. 케네디 대통령이 우주 프로그램 정책을 선언하기 전에 '인간이 달에 간다'고 믿은 사람이 있었는가를.

찰스 린드버그는 단 한번도 대서양을 혼자 횡단해 본 적이 없었다. 이는 다른 어떤 누구도 마찬가지였다. 토마스 에디슨은 단 한번도 전구를 만들어 본 적이 없었고 전하는 바에 따르면 성공하기 전까지 999번의 실패를 거쳤다고 한다.

그러나 여기 흥미로운 점이 있다. 에디슨은 '실패했다'고 선언한 적이 없다. 그는 "이렇게 전구를 만들면 안되는구나"를 배우면서 999번만에 성공을 거둔 것이다.

당신이 '실패는 성공을 향해 가는 행로'임을 항상 이해하고 있다면 실패는 결코 잘못된 것이 아니다.

당신은 이렇게 말할는지도 모른다. "글쎄, 그것은 에디슨과 같은 훌륭한 발명가에게나 해당되는 이야기겠지. 그러나 이것은 현실이다. 내가 사업에서 실패하면 그것으로 모든 것이 끝난 것이다"

아마도 일반적인 사업에서는 그럴 수도 있다. 그러나 네트워크 마케팅 사업에서는 다르다. 이점을 생각해 보라. 다른 어떤 사업에서 실패하고도, 그것도 여러번 실패하고도, 그 일에서 손을 떼지 않을 수 있는 사업이 있는가?

이 점을 오늘날의 '평생 직장'인 네트워크 마케팅 사업과 비교해 보자. 이제 잠시동안 성공적인 사고 습관을 형성하기에 앞서 성공에 대한 확신을 가지고 있어야 한다는 생각을 버리자. 사실, 지금의 상황에서 더 나아갈수록 상황은 더욱 호전될 것이다. 이런 방식으로, 당신이 새로운 믿음에 대해 우호적으로 변화를 시작할 때 당신은 더욱 속도를 내어 힘차게 목표에 가까이 다가갈 수가 있다.

　다음 장에서는 목표란 정확히 무엇인가에 대해 이야기 해 보자.

CHAPTER FOUR

황금을 찾아서

당신은 지금껏 '목표 세우기'에 대해 공부했다.

지금부터는 목표달성, 즉 '황금 만들기(Gold Setting)'에 대해 이야기해 보기로 하자. 그 이유를 묻는다면 '이 사업은 정말로 금맥을 찾는 사업'이라고 자신 있게 말할 수 있기 때문이다.

나는 아마도 '금 만들기'의 고수일 것이다. 그동안 너무나 많은 금을 만들어 왔으니까.

예를 들어보자. 18년전, 나는 몸에 해로운 담배를 끊어야겠다고 생각했다. 그리고 담배를 끊었다. 힘든 담배끊기에 성공한 나는 기분이 아주 좋았다. 그러나 그후에도, 나는 계속해서 담배를 끊었다. 쑥스럽지만 몇 년 새에 100번도 넘게 담배를 끊었던 것 같다.

체중 줄이기도 마찬가지였다. 한번은 3개월만에 체중을 30kg 줄였고, 줄인 체중은 얼마간 지속되었지만 결국 원상회복되었다. 나는 계속적으로 늘은 체중만큼 줄이는 '금 만들기' 작업을 했다. 이외에도 내가 원하고 꿈꾸는 모든 것에 대해서 '금 만들기' 작업을 했던 것 같다.

그렇다. 나는 분명히 최고로 '금 만들기'를 잘하는 사람중의 하나이다. 그러나 문제는 '금 만들기'를 잘하는 것에 있지 않았다. 중요한 것은 만든 '금을 잘 보존하는 일'이었다.

1단계: 할 수 있다고 믿어라

앞에서 우리는 사고의 습관과 믿음에 대해서 이야기했다. 금을 만들거나 그보다 더 어려운 금의 보존을 생각하기에 앞서 선행되어야 할 중요한 문제는 당신이 '목표를 이룰 수 있다'는 확신이 있느냐, 없느냐이다. 눈앞에 있는 100% 순금이라고 할지라도, 당신이 '손에 넣을 수 없다'고 생각한다면 이 금들은 손에 쥐고 있는 5센트짜리 동전만큼도 당신에게는 가치가 없는 것이니까.

따라서, 여기가 출발점이 된다.

만약 필요하다면, 앞장으로 돌아가서 사고 습관 형성하기를 다시 한번 훑어보자. 이는 당신이 만들어 놓은 금을 보존하는데 도움이 될 것이다.

앞장의 내용을 간추려 보면, "나는 나의 모든 금을 성취할 것이다. 나의 모든 금을 이룰 수 있다. _____ (자신의 이름)라고 말하는 사람은 매일 금을 만들고 보존할 수 있는 사람이다!"

기억하라. 이룰 수 있다는 믿음 없이, 단지 꿈이 너무 크다고 생각해서 그 꿈을 포기하지 말아라. 대신, 크고 빛나는 금을 가질 수 있다고 확신하는 새로운 사고 습관을 만들어라.

당신의 '금'을 명확하게
(hard and fast) 만들어라

자, 어렵게 생각하지 말자. 내가 말하는 'hard and fast' 는
목표를 달성하기 위해 더 많은 시간을 열심히 노력하라는 의미가
아니다. 또한 제한된 시간 안에 빠르게 달성하라는 뜻도 아니다.
그러나 어찌되었건 시간과 관련이 있다.

성경 구절의 '사상누각' 이라는 말을 기억하는가? 즉, 기반이
튼튼하지 못하면 오래 가지 못한다는 뜻이다. 이는 기초가 될 초석
이 없다는 것으로, 현실에 기반을 두지 못했다는 의미를 함축하고
있다.

집과 마찬가지로, '금 만들기' 도 튼튼한 기반 위에서 해야 한
다. 그러기 위해서는 '금' 을 구체적이고 측정 가능하도록 만들어
야 하며, '언제까지' 라는 개념도 포함시켜야 한다.

'언제까지' 란 당신이 '금' 을 완성할 특정 날짜를 말한다. 당
신의 금은 현실에 기반을 두고 있어야 한다. 또한 목표 완성일이
결정되지 않은 금을 만들려고 하지 마라. 완성일이 없으면 그것은
진짜 금이 될 수 없다. '언제까지' 라는 날짜가 없다면 우리는 금
만들기를 뒤로, 뒤로 미루는 경향이 있다.

완성 날짜가 없다면 우리의 금은 항상 미래에 존재한다. 그리
고 그 금은 불명확하고, 가치가 손상되며 결코 도달할 수 없는 미
래가 되는 것이다. 다음을 기억하라.

비현실적인 목표란 없다. 단지 비현실적인 시간 계획이 있

을 뿐이다.

나아가, 누구든 자신이 일하고 싶을 때 일할 수 있도록 마음을 훈련시켜야 한다. '언제까지'라는 시간 계획은 '금'을 획득하도록 도와주는 도구이다.

'측정 가능하다'는 의미는 당신이 목표를 달성했을 때를 알수 있도록 명확하고 구체적으로 '금'을 설정하라는 것이다. 측정할 수 없는 '금'은 기껏해야 희망이며 기도에 지나지 않는다.

당신은 '금 만들기'를 계속해서 측정해야 한다. 언제 20%를 달성했는지, 언제 반을 달성했는지, 90%를 달성했는지 알아야 한다. 어떤 방법으로든 당신은 일의 진척도를 아주 객관적으로 명확하게 스스로가 확인할 수 있어야 한다. 이렇게 함으로써 '금'의 불필요한 부위를 잘라낼 수 있다.

이렇게 측정하는 것이 어떤 효과가 있는지 알고 있는가? 그것은 일에 추진력을 준다. 추진력은 모든 '금'의 성취에 반드시 필요하다. 계속해서 당신이 성공을 원할 경우 이러한 추진력이 차곡차곡 쌓이게 되며 결국에는 당신의 금을 성취하는 힘이 된다.

'구체적'이란 당신의 '금'을 자세하게 설계하는 것을 말한다. "차를 산다"가 한 예가 될 수 있다. "검은색 메르세데스를 산다"(어떻게, 언제까지)는 더 구체적인 예가 된다. 구체적이 될수록 그림은 더욱 명확해 지며, 이 '금'을 이룰 수 있다는 당신의 믿음도 더욱 높아진다. 분명, 이러한 구체화 작업은 해야할 필요가 있다. 이왕 이야기가 나왔으니, 여기에 목표 세우기 전형에 대한 비결을 하나 소개한다.

당신의 목표를 구체적으로 정하라. 그러나 예기치 못했던 경우를 대비해서 약간의 여지는 남겨 두어라.

여기에 대한 예를 하나 들어보자.

어느날, 나는 메르세데스를 가지겠다는 '금'을 하나 가지게 되었다(그 이후 나는 실제로 메르세데스를 두 대나 가지게 되었다). 사실, '나는 검은색 메르세데스 560 SL'을 가지는 '금'을 가지고 있었다. 나는 책과 테이프를 통해 목표 세우기에 대해 배웠으므로 내 '금'을 시각화하기 위해 냉장고를 비롯해 일상 주변의 눈에 띌만한 곳마다 사진을 붙여 놓았다.

어찌 되었겠는가? 나는 결국 메르세데스를 가지게 되었다. 그러나 그것은 560이 아니었고 색도 검은 색이 아닌 황금색이었다. 그렇다면, 내가 이 차를 갖게 되었을 때 검은색 SL이 아니라고 화를 내었을까? 절대로 그렇지 않다. 드디어 메르세데스를 가지게 되었는데 왜 화가 나겠는가?

당신도 보다시피, 특정 모델이나 색은 내가 마음속에 그림을 현실적으로 그리고 꿈을 구체적으로 만드는데 도움을 줌으로써 내가 꿈꾸는 것을 획득할 수 있도록 도와준다. 그러나 이러한 세세한 사항들은, 앞에서 나타난 것처럼 실제로는 중요한 문제가 아니었다.

당신도 알다시피, 당신의 금을 구체적이고 측정 가능하도록 만드는 것은 필요하지만, 거기에는 잠재적인 함정이 있다.

우리가 원하거나 꿈꾸어 왔던 그림들이 항상 정확할 수는 없다. 설혹 정확하다고 하더라도 그 그림들은 변하게 되어 있다.

여기 다른 예가 있다. 당신은 메르세데스를 갖는 꿈을 가지고 있었다. 그런데 어떤 사람이 롤스로이스를 가지고 나타났다. 그러면 당신은 어떻게 말할 것인가?

"오, 감사합니다. 그러나 저는 메르세데스 사진을 냉장고에 붙여 두었습니다. 그러니 롤스로이스를 도로 가져가시기 바랍니다. 고맙습니다"

정말로 이렇게 말할 것인가? 아닐 것이다.

좋다. 이것은 너무 애매모호한 예가 된 것 같다. 그러나 요지를 이해했을 것이다. 당신의 금을 구체적으로 정하라. 그러나 당신의 마음을 고정시켜 놓지 마라. 변화와 예기치 못한 상황에 대해 여지를 남겨 두어라.

문제의 핵심

당신이 금을 만든 뒤에 문제의 핵심에 다가간다면 당신의 금은 더욱 강력해질 수 있다.

우리가 원하는 것을 마음속에 그리는 것은 단지 정신적인 그림, 즉 사고(思考)에 지나지 않는다. 사고는 정확히 말해서 과학이 아니다.

나는 항상 여러 가지를 마음속에 그리고 이에 따라 생각의 방향도 자주 변화된다. 당신도 그럴 것이다.

따라서 금을 만들었으면, 생각의 방향이 자주 바뀌는 것을 경계해야 한다. 사고방식이 자주 바뀌는 것을 막기 위해서는 만들어 놓은 금에 초점을 맞추어야 한다. 여기 예를 들어보자.

당신이 지금 당장 가지고 있는 금에 대해 생각해 보라. 예를 들어 당신이 원하는 것, 차 · 집 · 여행과 같은 것에 대해 생각해 보고 그 중 한 가지를 선정하라.

이제, 이것을 마음속에 그림으로 그려보고 나서 스스로에게 물어보라.

"여기서 내가 얻을 수 있는 것은 무엇인가?"

당신이 무엇을 얻을 것인지 마음속에 떠오르면 다시, 스스로에게 물어보라. "여기서 내가 얻을 수 있는 것은 무엇인가?"

이렇게 질문을 반복해 나가면서 더 이상 당신이 얻을 수 있는 것을 생각해 낼 수 없을 때까지 계속하라. 다시 말해서, 당신이 그 질문에 더 이상의 답변을 할 수 없을 때까지, 즉 금의 모든 층을 벗겨낼 때까지 계속하는 것이다. 그렇게 되면 당신은 저 밑의 초석에 닿게 된다. 바로 문제의 핵심에 다다른 것이다. 이것으로 당신은 원하는 본질을 손에 넣게 된 것이다.

내가 '본질'에 대해 처음으로 배운 것은 존 카렌치의 책 〈MLM에서 최고가 되는 법〉에서였는데 이는 믿을 수 없을 만큼 강력한 원리였다.

'본질'을 강력하게 만드는 것은 무엇인가? 당신이 원하는 것의 본질을 알게 되었다면 2가지 일이 발생한다.

첫번째로, 본질을 만들 수 있게 된다. 본질이 무엇이든지 사고 습관화시킬 수 있다.

예를 들어, 새 차를 원한다고 가정하자. 링컨 '렉세스' 메르세데스 등. 메르세데스가 당신에게 주는 것은 무엇인가?

"아마, 돈으로 살 수 있는 차 중 가장 좋은 차를 사서 실제로 운전하고 있다는 것을 깨달았을 때 느끼는 환상적인 기분일 것이다"

좋다. 그렇다면 이러한 기분을 상상해 보자. 이러한 기분은 당신에게 무엇을 제공하는가?

"내가 성공을 이루었다는 확신, 자신감, 인정(   )일 것이다"

이제, 이것이 당신에게 초석이 된다면, 즉 메르세데스가 당신에게 주는 핵심이라고 한다면, 다음을 따르라.
차가 주는 본질이 성공에 대한 확신이라는 점을 이해하려고 노력하기보다는 그 차를 도로로 끌고 나가는 것이 더 좋은 방법이다. 그리고 나서 당신의 성공을 확신하는 사고 습관을 형성하라.

여기, 탁 트인 도로에서 여기 저기 차를 몰고 다니면서 성공을 확신하는 사고 습관을 만들어라. 성공에 대한 확신이 도로 위를 질주하는 당신의 차처럼 오래지 않아 당신의 마음속을 달리고 있을 것이다.
금에 본질을 부여하는 강력한 사고 습관을 길러라. 그러면 금 자체가 어느날 요술처럼 나타날 것이다. 그러나 이것은 절대로 요술이 아니다. 마음이 작용한 결과이다. 하지만 당신에게는 요술처럼 보일 것이다.

두번째는 금의 본질이 당신에게 어떤 역할을 하는지 이해하게 될 것이다.

당신이 원하고 있는 것의 본질에 초점을 맞추면 우주의 빈 공간을 채울 수 있을 만한 창조력을 갖게 된다.

내가 검은색 560SL을 원한다고 말했던 것을 기억하고 있는가? 그 이후로, 나는 애리조나주의 스콧트데일로 이사했다. 스콧트데일은 일년 내내 여름이다. 그리고 여기는 사막이다. 당신은 검은색 차가 사막 열기 한 가운데서 몇 시간 동안 햇볕을 받고 서 있었다고 한다면 얼마나 뜨거울지 상상할 수 있겠는가?

나는 문자 그대로, 하나님께 황금색 차를 주신 것에 대해 감사드렸다. 만약 내가 원하는 대로 검은색 벤츠를 가졌더라면 나는 지금쯤 튀김이 되어 있을 것이다.

때로, 신과 우주는 우리 자신보다 우리에게 무엇이 더 좋은지 잘 알고 계신다. 따라서 그들에게 당신이 진정으로 원하고 필요로 하는 것을 가질 수 있게 도와주도록 여분을 남겨 두어야 한다. 이렇게 금의 본질에 초점을 맞추면 금을 보존하는 어떤 과정에서든 더 훌륭한 창의력을 발휘할 수 있게 된다.

곰이 산을 넘어 간다

이 동요를 기억하는가? 곰은 마침내 성공하여 산을 넘어 갔다. 이 일은 결코 쉬운 일이 아니었을 것이다. 그 다음 가사는 이렇게 이어진다.

"곰은 무엇을 보았을까?"

다른 산 고개. 그 산너머에는 무엇이 있었을까? 또 다른 산 고개가 있었을 것이다.

우리의 금도 이와 같다. 당신이 그동안 원하던 금을 잡으려는 순간, 눈앞에 번쩍이는 것이 있다. 바로 다음 산 고개를 본 것이다. 거기에는 또 다른 금이 있다. 그리고 또 다른 금, 또 다른 금. 따라서 나는 당신이 이 금들에 대해 계획을 짜보도록 권하고 싶다.

당신의 금은 당신이 행동하는 바에 따라 변할 것이다. 금들은 더욱 커질 수 있다. 또는 전혀 다른 것이 될 수도 있다. 때로 지금 당장은 원하고 있지 않은 것일 수도 있다.

따라서 당신의 금들을 구체적으로 만들되, 측정 가능할 수 있도록 하라. 여기에 각각의 금에 대하여 '언제까지'라는 완성 날짜를 부여하라. 또한 예기치 않은 경우를 대비해 약간의 여지를 남겨두어야 한다. 시간을 가지고 당신의 금을 본질적인 차원에서 정의하면서 당신의 금을 개발하고 성장시키는 것에 따라 이 금들이 변화할 수 있도록 하라. 또한 당신의 금들이 더욱 크게 성장할 수 있도록 하라.

앞서 이야기했던 것처럼 당신의 금에 '언제까지'를 부여하는 것이 유용한 도구가 된다. 이제 이 도구를 사용할 준비가 되었는가?

당신의 금, 그 자체가 바로 도구이다.

사실, 금이란 실질적인 목표 대상이 아니다. 금은 당신이 초점을 맞추고 실행에 옮길 수 있도록 해주는 도구이다. 따라서 도구, 즉 금에 집착하지 말아라. 당신이 모터를 수리하는데 어떤 도구를 사용하는지에 대해서는 아무도 신경을 쓰지 않는다. 렌치를 사용했어도 좋고, 스크류 드라이버를 사용했어도 상관없다. 중요한 것은 모터가 수리되었는가 하는 것이다. 당신의 금도 마찬가지이다. 중요한 것은 금이 아니다. 중요한 것은 당신이 만들어낸 결과이다. 그리고 그 과정을 즐기는 것이다.

다시 말해서 중요한 것은 당신의 금은 앞으로 살아가게 될 인생, 그리고 현재 살고 있는 인생을 창조하는 하나의 방편이 된다는 것이다.

마차로 말을 끌려고 하지 마라

나는 종종 네트워크 마케팅에 종사하는 사람들이 '잘못된' 금을 가지고 있는 것을 본다.

"이봐, 버트윈. 당신이 뭔데 남의 금(Gold)을 가지고 잘 잘못을 따지나?"

내가 '잘못되었다' 고 말하는 것은 그 사람이 원하는 목표가 잘못되었다는 의미가 아니다. 내 말의 '잘못되었다' 는 의미는 '말과 마차의 순서가 뒤바뀌었다' 는 뜻이다.

당신도 알다시피, 네트워크 마케팅에 처음으로 참여한 사람들은 대부분 자신이 원하는 것에 초점을 맞춘다. 즉 말이 아닌 마차에 초점을 맞추는 것이다.

이 때문에 나는 처음에 사고 습관에 대해 이야기했다. 사고 습관이란 성공 자질에 관한 것이다. 먼저 당신이 자질을 갖춘 후에야 행동으로 옮길 수 있고 결국에는 당신이 원하던 것을 가질 수 있게 된다.

성공 자질은 말(馬)이다. 자질은 당신이 인생에서 하고 싶고 가지고 싶은 '목표라는 마차'를 끈다.

만약 당신이 네트워크 마케팅 사업에서 돈을 벌 수 있는 자질을 갖추었다면 당신은 그 만큼의 일을 할 수 있을 것이다. 그리고 조만간 당신은 그런 사람이 가질 수 있는 것을 가지게 될 것이다.

당신이 어린 시절 서로에게 물어보았던 고전적인 금 만들기 질문을 기억하는가? 성인이 된 지금에 와서 물어봐도 좋을 아주 훌륭한 질문중의 하나이다.

너는 어른이 되면 무엇이 되고 싶니?

얼마나 멋진 질문인가? 그리고 "너는 어른이 되면 무엇을 가지고 싶니?"라고 묻지 않았다는 것이 흥미롭지 않은가? 우리는 아이였을 때에도 매우 현명했던 것 같다. 따라서, 금 만들기 과정에서 우선 이 질문에 초점을 맞추자.

"나는 무엇이 되고 싶은가?"

그리고 이 질문의 해답을 행동으로 옮길 수 있고, 획득할 수도 있다.

금은 채굴되어야 한다

간단히 말해서, 캐내지 않은 금은 아무런 쓸모가 없다. 행동으로 옮기지 않으면, '금'은 물론 돈이나 그 밖의 어떠한 것도 가질 수가 없다.

금은 도구이다. 당신이 행동에 초점을 맞추고 원하는 결과를 얻기 위해 방향을 설정하고 일을 하기 위해 사용하는 도구이다. 금은 도로망도(道路網圖) 상의 목적지와 같다. 이 '금'들을 '아무 목적 없는 휴일의 드라이브'에서 탈피해 생산성과 성취도를 높이면서 목적 의식이 뚜렷한 여행으로 바꾸어라. 그러나, 이 '그러나'는 가장 중요한 '그러나'이다.

당신은 행동을 취해야 한다. 매일같이 당신의 금을 이루기 위해서.

나는 성공한 길라잡이 네트워크 마케터들이 공통적으로 알고 있으면서 실행하고 있는 중요한 사실 하나를 발견했다. 그들은 '매일같이 사업을 한다'는 것이다. 당신의 금들을 살펴 보라. 성취를 향해, 전진하기 위해 당신 인생에서 매일같이 할 수 있는 일들이 있다.

지금 당장 시도해 보자. 손안에 쥐고 있는 각각의 '금'들에 대해 과거로 거슬러 올라가는 작업을 한번에 한 단계씩 한다. 아무리 금이 크다고 하더라도 한 단계씩만 과거로 되돌려 봐라. 당신이 금 자체를 달성하기 직전에 무슨 일이 일어났는지 알 수 있을 것이다. 그리고 나서 그 이전에는 무슨 일이, 그리고 또 그 이전에는 무슨 일이 일어났는지 알아 보라. 이런 작업을 통해 당신은 오늘부터 연속의 사건들을 금에 이르기까지 연결시킬 수 있게 된다. 그리고 이를 바탕으로 당신의 새로운 금을 달성할 수 있는 강력한 일련의 행동을 한번에 한 단계씩 취할 수 있게 된다.

당신의 금은 한 달에 1만달러를 버는 것으로 하고 '언제까지'는 지금부터 1년 뒤로 잡자. 좋다. 1만달러를 달성하기 전 달의 당신 수입은 얼마이겠는가? 8500달러? 그렇다면 그 전 달에는? 그리고 그 전전 달에는?

그리고 나서 물어 보라. 내가 1단계를 달성하기 위해 어떠한 행동을 취했는가. 그리고 2단계는… 등등. 당신이 전체 덩어리를 이렇게 잘게 잘라 놓으면 당신의 금은 훨씬 쉽고 빨리 달성할 수 있을 것처럼 보인다. 그렇지 않은가?

사실, 이는 쉬워 보일 뿐만이 아니라 실제로 쉽다.

당신은 이 작업을 하면서 당신의 금이 현실에 기반을 둔 것인지 아닌지를 확인할 수 있는 부산물까지 얻게 된다. 당신이 금의 달성 시점에서 한 단계씩 과거로 되돌려 점검해 보면 당신의 현재 수입은 3850달러여야 한다. 그런데 전에는 사업을 해본 적이 없고 현재 하루 종일 직장에 매달려 있어야 한다면…, 당신의 금은 당신에게 매우 벅찬 일이 될 것이다. 당신은 상상이 될 것이다.

이러한 작업을 통해서, 즉 당신의 금과 행동을 계속 역산해서 매일 매일 조처를 취한다면 당신의 성공은 보장받을 수 있다. 헛된 이야기가 아니다.

만약 당신의 행동이 정확한 지식을 바탕으로 한 실행이라면, 당신은 목표를 달성할 수 있을 것이다. 이때 정확한 지식이란 당신의 궁극적인 금을 이해하고 있으면서 여기에 도달하기 위해서는 어떠한 단계가 필요한지 알고 있어야 하는 것을 말한다.

"내가 금을 쟁취하지 못한다면?"

좋은 질문이다.

만약 우리가 지금까지 이야기해온 모든 방법들을 다 썼는데도 원하는 결과를 얻지 못했다면, 그 원인은 다음의 두 가지중 하나이다.

1) 활동 수준이 너무 저조하거나
2) 부정확한 지식을 바탕으로 활동을 한 것이다.

여기서는 다시, 멘토가 중요한 역할을 한다.

당신의 멘토(상위라인, 후원자, 선생님 등)와 함께 점검을 해보고 위의 두 가지 요인에 대해 당신이 활동한 것을 관찰해 보라. 당신의 활동 수준과 지식을 꼼꼼히 챙겨보아라. 매일 매일 일지를 쓰는 것도 도움을 받을 수 있는 중요한 방법이다. 이 방법으로, 당신과 당신의 조언자는 쉽게 당신이 그간 취해온 행동을 점검하고 부족한 부분을 발견할 수 있다.

두번째, 부정확한 지식을 고치는 것은 가장 간단한 교정이다. 이는 내 친구가 말한 것처럼 간단한 '기술적 문제'이다. 단지 당신은 올바른 정보를 받아서 올바른 조처를 취함으로써 정상 궤도에 진입할 수 있다.

첫번째, 당신의 활동 수준을 변경시키는 것은 조금 더 어려울 수 있다.

만약 당신의 활동량이 문제가 된다면 여기에는 보통 한가지 이유밖에 없다.

당신은 당신의 금을 달성하는 것이 가능하다고 믿고 있지 않다. 당신은 단지 자신이 행하고 있는 것에 대하여 믿지 않고 있다.

게으르게 보일 수도 있고, 소극적으로 생각될 수도 있다. 그러나 이 모든 것은 당신이 추구하고 있는 것을 달성할 수 있다고 스스로 믿느냐 믿지 않느냐로 요약된다.

당신이 진정으로 원하는 것을 달성할 수 있다고 생각한다면 이를 행동으로 옮기지 않을 수는 없기 때문이다. 따라서, 행동이 이에 따르지 않는다면, 이는 진정으로 금을 원하지 않거나 아니면, 당신이 달성할 수 있다고 생각하지 않고 있기 때문이다. 당신은 이 두 가지 원인 중에 한 가지가 반드시 해당된다.

그렇다면 어떻게 할 것인가?

스스로에게 2가지 질문을 하라

질문① "만약 당신이 이 금을 (그것이 무엇이든 상관없다) 지금 당장 가질 수 있다면, 당신은 그 금을 받을 것인가? —예 또는 아니오?"

보라. 이것은 어리석은 질문이 아니다. 내가 의미하는 것은 당신이 1년에 100만달러를 벌었을 때 이에 수반되는 모든 책임을 정말로 감수하길 원하는가에 대한 것이다. 세금을 내야하고, 재정 계획을 짜야 하고, 투자를 해야 하며, 사방에서 당신에게 구걸을 하거나, 돈을 빌려달라고 할 것이고 당신이 애써 번 돈을 도난 당할 수도 있다. 어떤 사람들은 이러한 책임을 감수하고 싶지 않을 수도 있다.

따라서, 먼저 당신이 원한다고 말했던 금이 당신이 진정으로 원하는 것인지 '내가 금을 가지면 그 책임도 감내할 것인가?' 라는 질문을 제기함으로써 확인해 보아라.

만약 당신의 답변이 '아니오' 이면 당신이 진정으로 원하는 새롭고 더 나은 금을 찾아라.

만약 당신의 답변이 '예' 라면 좋다. —계속하라. 그러나 앞으로 나아가기 전에 2번째 질문을 자문해 보아라.

질문② "나는 정말로 이것을 달성할 수 있다고 믿고 있는가?"

당신의 답변이 여전히 '예' 라면, 당신은 이를 달성하기 위해 필요한 모든 조처를 취해야 할 것이다.

누구든 진정으로 '가질 수 있다' '할 수 있다' 또는 '될 수 있다'고 믿지 않는 일을 추구할 수는 없을 것이다. 당신은 잠시 동안 노력을 기울일는지는 모르겠지만 그것으로 끝날 것이다. 따라서 기본적인 신념의 사고 습관을 다시 한번 점검하라. 그리고 필요하다면 사고 습관을 바꿔라. 당신은 이미 어떻게 변화시켜야 하는지를 알고 있다.

사고 습관을 바꾸려면 매일 매일의 노력이 필요하다. 이러한 노력은 성공에 다가가는 결정적인 요소이다.

마지막으로 당신에게 필요한 것

생각만 해도 귀찮고 성가신 단어가 있다. 규율, 바로 이것이다.

골치 아픈 문제인가?

글쎄, 반드시 그런 것만은 아니다. 나를 믿어라. 나는 '규율부장 로버트 버트윈'이 아니니까. 내가 네트워크 마케팅에 참여한 이유도 사실은 자유로워지기 위해서였으니까.

그러나 사업을 하다보니 규율의 필요성이 어느 정도 느껴졌다. 그래서 찾은 것이 규율을 가장 비규율적으로 행할 수 있는 방법이었다. 누구든 약간의 규율은 필요한 법이니까. 나는 규율을 아주 쉽게 만들기로 했다.

이런 이유 때문에 그동안 내가 해온 사고 습관과 목표 보존하기에 대해서 이야기한 것이다. 물론 지름길에 속하는 방법이었지만 시간과 에너지, 노력이 불필요한 것은 아니다. 그러나 현명하게 금을 캐내라. 네트워크의 길라잡이가 되어라.

이 책은 길라잡이가 될 수 있는 지름길로 가득 차 있다. 이 지름길들은 내가 발견한 것도 있고 다른 사람들로부터 배운 것도 있다.

사실상 규율은 필요하다. 그러나 대단한 것으로 생각하지 마라(나는 이 문제에 대해서는 당신도 동의하리라 생각한다).

규율은 짐 론의 말을 생각해 보면 쉽게 이해될 것이다.

"만약 당신이 그 약속을 믿는다면 그 대가를 치를 것이다"

규율의 대가는 지금 치르는 것이 좋다. 그렇지 않으면 훗날에 후회의 대가를 치를 것이다. 이것은 당신의 선택에 달려 있다. 이 것 한 가지만 기억하라. 규율의 무게는 몇 그램 정도지만 후회의 무게는 몇 킬로그램일 것이며 이는 몇 톤의 무게로 느껴질 것이다.

CHAPTER FIVE

'아니오' 라고 말하기

수년동안 〈 '아니오' 라고 말하기(Just Say No)〉 마약퇴치 운동이 전국적으로 확산되었다. 이제 〈Just Say No〉는 용어사전에까지 명시되면서 우리의 한계를 깨닫고 옳은 판단을 내림과 동시에 현명하지 못한 행동들을

퇴치하기 위한 운동의 표어로 인식되었다.

우리들은 평생동안 '아니오' 라는 말을 무척 많이 듣는다. 부정적인 의미를 내포한다는 이유로 터부시 될 수도 있지만, 앞에서 얘기했듯이 때와 장소에 따라 '아니오' 라는 대답이 옳은 경우가 있다.

네트워크 마케팅에서도 예외는 아니다. 실제로 '아니오' 는 '어떤 사람' 에게 '어떤 상황' 에서 해야 하느냐의 두 가지 종류가 있다. 우선 당신은 '언제 누구에게 어떻게 이야기할 것인가' 를 이해하고 있어야 한다.

이번 장에서는 첫번째 경우를 학습하면서 어떤 사람들에게 '아니오' 라고 말할 것인지 알아보자.

이와 관련하여 재미있는 우화 한편을 소개한다.

개구리와 전갈

어느 나른한 여름날 오후, 개구리와 전갈이 강가에서 만나게 되었다. 개구리는 전갈을 좋아하지 않았다. 왜냐하면 전갈의 침에 한번 쏘이기만 하면 개구리는 그 자리에서 죽기 때문이었다. 따라서 개구리는 전갈을 보자마자 본능적으로 경계 태세를 취했다.

전갈은 강을 건너고 싶었다. 그렇지만 강을 건널 수 있는 유일한 방법은 개구리의 등에 타는 것이었다. 그래서 전갈은 매우 다정하고 정중한 목소리로 개구리에게 말했다.

"이봐, 개구리 친구" 전갈은 친근감 있게 불렀다. "강을 건너기에 정말 좋은 날씨군. 자네는 수영을 정말 잘하니까 나를 강 저편으로 건너 줄 수 있겠나?"

개구리가 말했다. "뭐라고? 너 미쳤니? 전갈들은 개구리에게 침을 쏴서 죽이잖아"

전갈이 대답했다. "나는 그렇게 하지 못해. 이봐, 나는 강을 건너고 싶다고…. 그런데 내가 자네에게 침을 쏜다면 강을 건널 수가 없지 않은가, 그렇지 않나?"

개구리가 그 이야기를 듣고 보니 그럴듯하게 느껴졌다. 그 개구리는 친절하고 성품이 착한 친구여서 전갈의 말을 믿고, 그의 등에 전갈을 태워주었다. 개구리는 강의 건너편으로 헤엄쳐 나아갔다.

건너편 강둑에 거의 다다랐을 때, 예상했던 것처럼 전갈이 개구리에게 '쉭!' 하고 침을 쏘았다. 그 둘은 물밑으로 가라앉으면서 개구리가 전갈에게 물어보았다. "왜 그랬지? 왜 네가 말한 것과 다르게 나를 쏘았지?"

"이봐" 전갈이 말했다. "내가 너에게 무엇이라고 말할 수 있었을까? 나는 전갈이야. 그리고 전갈은 개구리를 쏘게 돼 있어. 그것이 자연의 이치라고"

내가 당신에게 이 이야기를 하는 이유는 무엇일까? 나는 당신이 침에 쏘이는 것을 원치 않기 때문이다.

요점은 바로 이것이다. 오리처럼 보이고, 오리처럼 걷고, 오리처럼 꽥꽥거리고, 그리고 오리처럼 등에서 물방울이 굴러 떨어지면―그것은 오리이다.

전갈은 개구리에게 침을 쏜다. 양의 가죽을 쓴 늑대들이 있다. 아무리 다르게 보이고 싶다고 해도 원래의 모습을 버릴 수는 없다.

당신이 이 사업에서 살아남고 성공하기를 원한다면 사람에 따라 '아니오' 라고 말해야 할 때를 알아야 한다.

따라서 이러한 사람들을 구별하는 방법을 배워야 하며 이에 필요한 기술을 연마해야 한다. 여기에는 시간과 경험이 필요하다. 이 기간 동안 여러 경험을 통해서 당신은 몇 번의 침을 쏘일 수도 있다. 인간은 그렇게 하면서 배우는 것이다. 그러나 다른 방법도 있다. 그 한 가지 방법은 정보를 수집, 검토하고 미리 경계를 하는 것이다.

너무 좋아 보여서 그럴 리가 없다면 …

너무 좋아서 사실일 리가 없다는 생각이 든다면, 다시 말해서 사실이 아닐 것 같다면—그것은 결국 사실이 아니다.

진짜가 아닌 사람들을 구별하는 쉬운 방법이 있다. "빨리 부자가 될 수 있다"에서부터 "나에게 등록하면 네트워크 그룹을 만들어 주겠다"에 이르기까지 이러한 제안들은 "너무 좋아서 사실일 리가 없다". 다시 말해서, 매우 나쁜 것이다. 왜냐하면 거짓이기 때문이다.

네트워크 마케팅은 자유롭게 활동하는 모든 기업들 중에서 가장 자유롭다. 그리고 이 때문에 사기꾼들이 들끓고 있다. 그러나 문제점은 이 사업에 참여하고 있는 사람들 중에는 정말로 벼락부자가 된 사람이 있다는 사실이다. 그러나 매우 드문 경우이며 우연히 일어난 일이다. 그럼에도 불구하고 사람들은 자신도 벼락부자가 될 것이라는 희망을 걸고 있다.

배우 더스틴 호프만을 알고 있을 것이다. 그는 영화 〈졸업〉으로 순식간에 돌풍을 일으켰다. 영화 한편으로 그는 스타의 자리에 오르면서 부자가 되고 유명해지고 원하는 배역은 무엇이든 맡을 수 있게 되었다. 당신은 그 이야기를 알고 있을 것이다.

최소한, 나는 그렇게 알고 있었다. 그러나 내 친구 존 카렌치는 나에게 호프만이 그의 출세작 〈졸업〉을 찍기 전에 11년간을 브로드웨이에서 일해왔음을 일깨워 주었다. 분명 그는 훌륭한 배우였다. 그러나 그의 출세작은 수년간의 고된 노력과 준비 뒤에 찾아온 것이다. 아마도 당신은 이런 속담을 들었을 것이다.

행운은 기회를 준비하는 자에게 찾아온다.

옳은 이야기이다. 여기 내가 좋아하는 또 다른 이야기가 있다.

종종 행운이란, 단지 패자가 승자의 성공에 대해 늘어놓는 변명거리에 지나지 않는다.

행운을 잡는 비법

당신이 네트워크 마케팅에서 행운을 잡고 싶다면 지금 당장 방법을 알려 줄 수 있다.

열심히 노력하라. 이 사업에 대해 배울 수 있는 모든 것을 배워라. 행운을 잡으려고 노력하는 능력 있는 사람들과 함께 하라. 그러면, 몇 년 뒤 당신은 행운을 잡게 될 것이다.

그때까지는, 누가 당신에게 사실이라고 믿어지지 않을 만큼 듣기 좋은 제안을 해온다면 거절하라.

일반적인 소규모 사업의 경우, 사업을 배우고 자신의 사업 체계를 적응시켜 나가면서, 사업을 구축해 튼튼한 기반을 마련하는 데 3년이 걸린다고 전문가들은 말한다. 네트워크 마케팅 사업은 이와 다를 것인가? 다르지 않다.

사람들에게 사업 독려를 위해 사용되는 문구가 있다.

"오늘 참여하지 않으면 당신은 뒤처지게 될 것이다"

그러나 이 말은 합당하지 않다. 암웨이는 이 사업을 30년간 해오고 있지만 현재에도 새로이 참여한 사람들이 암웨이 사업을 통해 많은 돈을 벌고 있다.

"그러나 처음에 참여한 사람들보다 더 힘이 들겠지. 이 말이 맞는가?"

사실 이와는 반대로, 열심히 노력하는 사람들은 과거 어느 때보다도 더 많은 성과를 거두면서 더 빨리 성장하고 있다.

이제, 당신이 언제 '아니오'라고 이야기할 것인가에 대해 알아보자.

단도직입적으로 질문하라

당신이 '아니오'라고 말할 대상을 구별할 수 있는 가장 좋은 방법은 그 대상에게 단도직입적으로 질문을 해서 그 사람의 본색을 알아내는 것이다. 질문은 두가지 부분으로 되어 있다.

첫번째, 당신이 알고 싶은 것에 대해 단도직입적으로 질문을 한다. 그리고 두번째로, 그 내용을 서면으로 남겨 놓는다.

"이봐! 밥, 만약 자네가 우리 회사에 등록하면 나도 자네 회사에 등록하지. 자네는 6개월 이내에 1만 달러를 벌 수 있네. 내가 보장하지"

"좋아, 잭. 나는 찬성일세. 만약 자네가 여기에 세부 사항을 적고 사인을 한다면 말일세. 이봐. 자네 어디 가나? 왜 그러지?"

친구들이여, 만약 누군가가 당신에게 무언가를 보장한다고 할 때는 그 내용을 서면으로 남겨줄 것을 요청하라. 이 방법은 거짓과 진실을 매우 빠르게 구별할 수 있는 방법이다.

때로, 단도직입적으로 질문을 하는 것이 어려울 때가 있다. 왜냐하면 그렇게 질문하는 것이 상대방을 기분 상하게 할 수도 있기 때문이다. 또한 대부분의 사람들은 다른 사람들에게 좋은 인상만을 심어주고 싶어하는 것이 사실이다. 그러나 여기서는 포기하라. 여기에 당신의 미래가 달려 있다. 단도직입적으로 질문하라.

누군가 당신에게 "당신이 사업을 하도록 도와주겠소"라고 한다면 물어 보아라. "당신이 사업을 하도록 도와준 다른 사람들의 이름을 알려 주십시오. 그 사람들과 이야기를 해보고 싶습니다"

만약 그 사람이 당신의 요청을 거절한다면 그것은 무엇을 뜻하는 것이겠는가?

누군가 당신에게 제안을 할 때는 항상 조회를 해보아라. 당신에게 '협상'을 제안한 사람을 알고 있는 다른 사람들에게 문의해 보는 것은 사실 여부를 확인할 수 있는 좋은 방법이다. 그들에게 확인해 보아라.

이외에도 주의해야 할 몇가지 다른 유형들이 있다.

자신의 약속을 지키지 않는 사람. 특히 자신이 무엇을 하겠다고 약속한 부분을 지키지 않는 사람이 있다. 장담할 수 있는 것은, 전화 약속조차 계속 지키지 않는 사람이라면 다음 번 만날 때 당신에게 "신규 회원 10명을 소개시켜 주지는 못할 것"이다.

그렇다고 이런 유형의 사람이 반드시 거짓말을 하고 있거나 부정직한 사람이라는 뜻은 아니다. 자신이 한 약속을 계속해서 지키지 못하는 사람의 경우에는 일시적으로 어려운 시기를 겪고 있을 수도 있다. 그러나 이것이 습관화된 사람은 멀리하라.

자신의 과거에 대해 거짓말을 하는 사람. 네트워크 마케팅에 종사하는 사람들 중에는 자신이 트럭 운전사나 식당 웨이터로 시작해서 '어떻게 이 멋진 기회를 통해 몇 개월만에 재산을 모았는가'에 대해서 모험담을 늘어놓는 사람들이 있다. 그러나, 확인해 보면, 이런 사람들은 수년간 성공한 세일즈맨이거나 먼저 다른 회사에서 성공적으로 네트워킹 사업을 해왔던 사람들인 경우가 많다. 그들의 배경을 확인해 보자. 이는 '정확한' 사업 세계에서는 반드시 거쳐야 할 과정이다.

다른 사람에 대해 과도하게 비평적인 사람. 다른 사람, 다른 회사, 심지어는 자신의 회사 내 다른 지도자에 대해서까지 비평적으로 말하는 사람이 있다. 만약 당신이 누군가와 통화를 하고 있을 때 전화 상대방이 누군가에 대해 험담을 늘어놓는다면, 당신이 알아야 할 분명한 사실은 조만간 당신도 그 도마 위에 오른다는 것이다. 이런 사람들은 항상 상투적으로 쓰는 말이 있다.

"당신이 그렇다는 것은 아니에요" 또는 "당신은 예외지요"

그러나, 누군가 다른 사람의 등뒤에서 험담을 할 때는 분명히 당신의 등뒤에서도 당신의 험담을 한다는 것을 알아야 한다.

옛날 세일즈 격언 중에 네트워크 마케팅에 꼭 들어맞는 이야기가 있다.

결코 경쟁자를 헐뜯지 마라. 네가 언제 그 사람과 함께 일하게 될지 알 수 없는 일이다.

이 이야기와 차이점이 있다면 네트워크 마케팅 사업은 다른 사람을 위해 일하는 것이 아니라 본인을 위해 일한다는 것뿐이다. 그러나 이 충고는 매우 귀중하다.

만약 당신이 남을 헐뜯는다면 어떤 인상을 줄 것인가 생각해 보라.

"…짐, 자네도 알겠지만, 얘기할 가치가 있는 회사와 제품은 우리 회사밖에 없네. 다른 회사에는 신경 쓸 필요조차 없다고…"

이런 얘기는 네트워크 업계 전체를 상어나 뱀 기름을 팔러 다니는 멍청한 보따리 장수쯤으로 만들어 놓는 것밖에는 안된다. 누가 이런 업계에 참여하고 싶어하겠는가?

"아무도 없을 것이다"

그렇다.

남을 헐뜯는 사람을 경계하라. 남을 칭찬하는 것만이 살 수 있는 길이다.

허황된 것을 약속하는 사람. 이런 사람은 주로 홈미팅이나 개인 사업 설명회에서 처음부터 큰 금액의 돈을 벌 수 있다고 설명하면서 시작한다.

"설마!?!"

그렇다면 두가지 방법으로 설명해 줄 것을 요청하라.

첫번째는 종이 위에 ─한단계, 한단계씩─ 어떻게 당신이 그렇게 엄청난 돈을 벌 수 있는지, 써 가면서 설명해 줄 것을 요청하라. 그리고 나서 그 '계약서'에 서명해 줄 것을 부탁한다. 이렇게 되면 보통 둘 중 한명이 계약을 위반할 것이다. 그러나 이렇게 해야만 당신은 그 '계약'을 보호받을 수 있다.

네트워크 마케팅의 진정한 지도자들 ─즉, 큰돈을 벌 수 있는 지도자들─ 은 지속적인 사업의 성공을 위해서는 적극적으로 현명하게 노력을 기울여야 한다는 것을 알고 있으며, 더불어 이 일을 즐겁게 한다. 그리고 당신에게도 그렇게 해야 한다고 말할 것이다.

케네디 대통령이 국민에게 달 여행을 약속할 때 그는 이 일을 실현하기 위해서는 10년이란 세월이 걸릴 것이며, 수십억 달러가 소요될 것이고, 미국 전 국민의 노력과 지지가 필요하다고 말했다. 이것이 바로 현실적인 얘기이다.

제품에 의학적 효과가 있다고 주장하는 사람. 법률상으로 당신이 의학적 효과를 주장할 수 있는 경우 ─예로, 이 질병에 치유 효과가 있다든지, 저 질병을 호전시킬 수 있다고 주장하는 경우— 는 그 제품이 의약품으로 입증된 경우에만 해당된다.

일반적으로, 건강음료나 건강보조식품?피부보호 제품들은 법적으로 의약품이 아니므로 이들 제품에 대해 의학적 효과를 주장할 수가 없다.

특정 제품이 포진이나 암에 치료 효과가 있다고 이야기하는 디스트리뷰터들은 법을 위반하는 것이 된다. 이들에게 당신은 단호히 'No' 라고 말해야 한다. 만약 그러지 않을 경우, 당신과 당신의 회사 나아가서는 업계 전체가 곤경에 처할 수 있게 된다. 최소한 시사 고발 프로그램인 '추적 60분' 등에서 고발 대상이 될 수 있다.

이점을 이해하라. 네트워크 마케팅에는 기적적인 제품들이 많이 있다. 이들 제품들은 당신이나 내가 법적으로 설명할 수 있도록 '허가 받은 것' 보다도 더 좋은 효과를 가지고 있는 것이 많다. 그러나 법적인 면을 중요시해야 한다. 당신이 불만을 품은 고객(또는 피해를 입은 고객)과 당신의 회사간 소송에서 회사와 함께 합동 피고로 지명될 필요는 없다. 문제는 의학적 효과를 불법적으로 주장하고 다니는 사람은 대부분이 디스트리뷰터들이란 사실이다.

이러한 문제에 말려들지 말아라. 이런 문제는 언급할 가치조차 없는 일이다. 물론 당신은 제품에 대한 개인적 경험을 누구에게든 1:1로 얘기할 수는 있다. 그러나 당신이 할 수 있는 일은 여기까지다.

정부는 시민들을 '엉터리 효험을 광고하는 제품' —우리가 이

것이 합법적이라고 생각하든, 생각하지 않든— 으로부터 보호하기 위해 엄격한 정책을 시행하고 있다. 따라서 불법적인 광고를 하는 사람들을 멀리하라. 만약 누군가 체중이 10kg 줄었다면 당신은 이런 사실을 이야기하고 다닐 수도 있을 것이다. 또한 어떤 사람이 지난 번 보았을 때보다도 20년은 더 젊어 보인다는 것을 발견할 수도 있다. 그러나 관심 갖지 말아라.

다른 사람의 조직에 있는 사람, 또는 당신의 5대 또는 6대 아래에 있는 사람이 다른 이름으로 당신에게 직접 등록하고자 하는 사람. 단호히 'No'라고 말하라. 이같은 일로 조직이나 회사의 명예에 금이 가게 할 수는 없다. 이런 사람들은 눈앞의 이익을 위해서는 가명으로 다른 조직에도 참여할 수 있다. 이는 회사의 '이중 후원' 금지규정에 어긋나는 행위이다. 설혹 이러한 행위가 드러나지 않는다고 하더라도 이것은 네트워킹 정신에도 위배된다. 지금까지 이런 행위가 행해진 곳에는 항상 좋지 못한 문제가 발생했다.

기억하라. 이 사업은 따라하기 사업이다. 어느 한 사람이 이런 행위를 했다면 그 사람의 조직에 있는 다른 사람들도 따라 한다는 사실을.

대부분의 회사에서는 이러한 위반 행위를 한 디스트리뷰터를 탈퇴시키거나 3개월에서 12개월까지 자격 정지를 시킨 뒤, 다른 사람에게 등록하도록 하는 방침을 취하고 있다.

회사 규정의 근본 취지는 이러한 담합 행위를 하지 않도록 하는 것이다. 그럼에도 여전히 남아 있는 악영향으로 부정적인 말들이 입에서 입으로 전해지고, 결국 네트워크 마케팅 회사에 큰 타격을 입힐 수 있다.

외상으로 제품을 달라고 하는 사람. 당신은 세상을 구제하고 싶은 사람일 수 있다. 지금보다 더 나은 생활을 누릴 수 있도록 사람들을 도와주려는 사명감에 불타는 사람일 수도 있다. 여기에 네트워크 마케팅은 당신이 이러한 임무를 달성할 수 있도록 도와주는 하나의 수레 역할을 한다.

그러나, 처음 제품을 구입할 수 있는 최소한의 돈이 없다면 이 사업에서 성공할 수는 없다. 나는 달랑 제품 한 병과 테이프 5개만을 가지고도 이 사업에서 성공한 사람들을 내 조직 안에서 보았다.

물론, 이럴 경우 사업을 시작하기가 매우 힘들 것이다. 텅빈 수레에서 당신이 팔 것이 없을 테니 말이다. 그러나 나는 수천 달러 어치의 제품을 약속만으로 사람들에게 제공했다. 그중 몇 명이 돈을 갚고 사업을 구축했겠는가?

이 사업은 약속의 사업이다. 만약 신규 디스트리뷰터가 내게 와서 제품을 첫 구매할 수 있는 돈이 없으니 "로버트, 가진 것이 거의 없는 내가 사업을 시작할 수 있는 방법을 알려 주시겠습니까?"라고 부탁한다면 이야기는 달라진다. 나는 그들이 가능한 한 최상의 조건 아래서 첫 발을 내디딜 수 있도록 미친 듯이 그들을 도울 것이다. 그러나 그들에게 외상으로 제품을 내어주지는 않는다.

당신의 회사도 당신에게 외상으로 제품을 공급하지는 않는다. 당신도 당신의 디스트리뷰터에게 외상으로 제품을 공급해서는 안된다. 네트워크 마케팅은 현찰 사업이다. 이 점을 준수하라.

무엇보다도, 상식적으로 행동하라. 요즘 세상은 너무나 비상식적인 일이 많다.

당신의 직감을 믿어라. 당신이 '아니오' 라고 대답해야 할 것 같은 판단이 서면 어느 상황에서든, 누구에게든 '아니오' 라고 말하라.

특히 다음과 같은 '뒷거래' 를 주의하라.

"당신이 내게 등록하고 나는 당신에게 등록합시다"
"내가 매달 당신에게 만들어주는 수입의 50%를 내게 준다면 당신에게 등록하겠오"
"내가 당신 밑으로 사람들을 넣어주겠오. 당신은 할 일이 전혀 없소"
"직급은 자연히 올라갑니다. 당신은 아무 것도 하지 않아도 됩니다"

이러한 이야기들은 모두 눈 가리고 아웅식의 술수이다. 이런 제안을 하는 사람들은 전갈들이다. 기억하라, 전갈은 개구리에게 침을 쏜다. 그리고 이것은 치명적이다.

지금까지 거절해야 할 사람들에 대해 알아보았다. 다음으로 당신이 '아니오' 라고 말해야 할 것은 어떤 사업 기회들일까. 이것에 대해서 다음 장에서 살펴보기로 하자.

CHAPTER SIX

나는 어떤 네트워킹 차를 몰까?

파일라는 내가 알고 있는 사람 중에서 처음으로 네트워크 마케팅 회사나 사업 기회를 '차(車)'에 비유한 사람이다.

이것은 여러 면에서 완전한 비유라고 생각한다. 당신이 참여하기로 선택한 네트워크 마케팅 회사는 당신의 '차'다. 만약 좋은 차를 선택했다면, 당신은 차에 타고 시동을 켠 후, 성공의 고속도로를 질주하게 될 것이다.

따라서 당신이 올바른 사업기회를 찾고 있다면, 차를 살 때와 같이 조심성을 기울여야 한다. 어떤 네트워킹 차는 포르셰일 수 있고, 어떤 차는 메르세데스일 수 있다. 또는 어떤 차는 32 포드 듀스 코프로 폭발할 듯한 엔진을 가지고 있다. 이 차는 빨라 보이지만 한 구역만 돌아다녀도 엔진을 갈아야 한다.

어떤 네트워크 차는 경주용 차이다. 반면에 어떤 차는 분명 경승용차이다.

여기서 필요한 기술은 당신이 어떻게 가장 당신에게 적합한 차를 고르는가 하는 것이다.

좋은 차는 강력한 성능으로 운전하기 재미있고 당신의 미래 성공을 위해 안전하고 믿을 수 있어야 한다.

두가지 종류의 차

이 사업 기회에는 두가지 종류가 있는데, 양쪽 모두 스스로를 네트워크 마케팅 회사라고 부른다. 즉 방문판매 회사와 다단계 회사이다.

방문판매 회사

방문판매 회사는 '판매원을 기반'으로 한다. 때문에 판매원들이 소매 판매를 했을 때 더 많은 수입을 돌려준다. 이 사업에서는 주로 보다 고가이며, 한번 판매만으로 종결되는 영구적인 제품들을 판매한다. 예를 들면 공기 정화기, 정수기, 영구적인 자동차 제품들, 고가의 회원권 등이다.

이러한 사업 형태의 장점은 매번 판매를 할 때마다 판매에 따라 더 많이 돈을 벌 수 있다는 것이다. 즉 당신은 많은 돈을 더 빨리 벌 수 있다.

성공적인 방문 판매원들은 영업사원들이다. 그들은 개인적으로 얼마나 많이 판매했느냐에 따라 돈을 받기 때문에 그들은 되도록 많이 팔려고 노력한다. 그들의 주요 관심사는 판매를 하는 것이지, 많은 사람들을 모아 네트워크 조직을 구성하면서 그들에게 각자 조금씩 판매하라고 가르치는 것이 아니다.

당신이 초특급 판매원 타입이라면 이 사업은 당신에게는 바람직할 수 있다. 그러나 당신과 같은 초특급 판매원들을 당신 사업에 참여시키는데는 한계가 있다. 이것은 난처한 일이다.

여기에 더 난처한 일이 있다. 방문판매 사업은 참여할 때 많은 비용이 든다. 왜냐하면 각 제품의 가격이 비싸서 처음 구매를 할 때 많은 투자를 해야 하기 때문이다. 이 '너무 많은 비용'은 당신이 다른 사람들을 이 사업에 참여시키려고 할 때에도 장애물이 된다. 또 한가지 다른 단점으로는 잉여 수입이 거의 없거나 전혀 없다는 것이다.

'잉여 수입'이란 무엇인가? 이는 당신이 '판매'를 하거나 매일 매일 사업에 노력을 기울인 결과로서 앞으로 계속해서 창출되는 수익, 즉 당신이 판매나 사업을 시작함으로써 발생되는 수입을 말한다. 작가 또는 공연 예술가들이 자신의 작품에 대하여 받는 '로열티'가 잉여 수입의 예라고 할 수 있다. 또한 주식 투자로 해서 벌은 이윤 또한 잉여 수입의 한 형태이다.

잉여 수입은 다단계 또는 네트워킹 회사들의 특징으로 소비재이면서 반복해서 구매해야 하는 제품들을 판매함으로서 발생한다.

다단계 회사
다단계 회사들은 보통 중저가(고가의 제품이 아니다)의 제품들을 판매하는데, 이 제품들은 한 두달 정도면 다 소비되어서 다시 주문을 하게 되는 제품들이다.

소비재 제품을 팔아서는 당장에 눈앞에 생기는 수익은 적을 수 있다. 15달러짜리 소비재 제품 1병을 팔았을 때, 남는 소매 이윤은 공기 정화기나 정수기와 같은 고가의 제품 한 개를 팔았을 때 벌게 되는 60달러에서 100달러 정도의 소매 이윤보다는 훨씬 적을 것이다. 그러나 만약 제품의 질이 우수하고 사람들이 이 제품을 좋아하고 신뢰한다면(우수한 품질의 영양보조식품이나 피부보호 제품 등이 이 경우에 속한다), 사람들은 계속해서 수년간 이 제품을 구입할 것이다.

또한 사람들을 이와 같은 사업에 참여시키기는 더욱 쉽다. 여기에 대한 이유는 여러 가지가 있다.

1) 참여하는데 비용이 적게 든다. 가장 적극적으로 사업을 시작하는 디스트리뷰터의 경우에도 몇 백달러 정도면 최초의 제품을 구매할 수 있다.
2) 더욱 많은 사람들이 사업에 참여할 수 있다.
3) 잉여 수입이 있다.

정확하게 말해서, 공기 정화기와 정수기 같은 몇몇 고가의 제품들도 필터를 교체해 줄 때 얼마간의 잉여 수입이 발생한다. 그러나 이러한 장치의 교체 시기는 빨라야 6개월 정도로 재구매 시기가 너무 멀리 떨어져 있다.

진정한 의미의 지속적인 잉여 수입은 사람들이 한달 또는 두달만에 제품을 다 소비하고 재주문함으로써 발생하는 수입을 말한다.

어떤 네트워크 마케팅 회사는 사람들이 평생동안 사용해야 하는 제품들을 판매한다. 그 경우 물건을 팔았거나 후원한 디스트리뷰터가 구입한 가격을 계산해 보자. 그리고 1000명의 사람들이 참여하고 있는 네트워크를 가지고 있는 디스트리뷰터에 대해 생각해 보자. 그의 네트워크 회원들이 매달 개인 사용을 목적으로 50달러어치씩 물건을 구입했다고 치자. 결국 매달 제품 매출은 1000명×50달러=5만달러가 된다. 만약 당신이 이렇게 매출을 했을 때 이 금액의 10%는… 아마, 당신이 계산해 볼 수 있을 것이다.

최종적으로, 사람들을 이 사업에 참여시킬 수 있는 네 번째 이유는:

4) 다단계 판매는 많은 사람들로 구성돼 있어 각각, 조금씩 판매를 하면 된다.

방문판매는 영업사원이 있어야 사업을 할 수 있다. 그러나 사람들은 자신이 '판매'를 하고 싶어하지 않는다.

물론, 네트워크 마케팅도 판매와 유통 사업이다. 우리가 여기에 대해 무엇이라고 변명할지라도, 이 사업에는 판매가 포함돼 있다.

그러나 우리 업계가 다른 업계와 구별되는 것은 '판매' 방식이다. 그리고 이 사업 방식은 특히 소비재 회사에 적용된다.

네트워크 마케팅의 판매는 '끈질기거나 공격적'이지 않다. 대신에 '설득과 권유의 판매'를 한다. 즉, 우리가 좋다고 생각하는 제품이나 서비스를 단순히 권하기만 하면 된다. 이 제품의 구입여부는 권유받은 사람들의 자유이다.

이는 좋은 책을 읽거나, 멋진 영화를 보거나, 기가 막힌 음식점을 발견했거나, 굉장한 테이프를 듣는 것과 같다. 제품에 감탄한 당신은 그 좋은 점을 친구에게 이야기한다. 당신의 친구들은 당신의 권유에 따라 제품 사용을 시도해 볼 수도 있고, 그렇지 않을 수도 있다. 그것은 큰 문제가 되지 않는다.

이것이 바로 우리가 네트워크 마케팅에서 하고 있는 일이고 행하는 판매 방식이다.

당신은 제품을 함께 사용해 볼 몇 사람만이 필요하다. 또한 당신이 구축하고 있는 조직체 내에서는 모든 사람들이 똑같은 일을 하고 있기 때문에 개인적으로 매출을 크게 높여야 하는 부담감이 없다. 기억하라, 네트워크 마케팅은 많은 사람들이 모여서 각자 조금씩 일을 나누어 한다. 이것이 네트워크 마케팅이 매달 놀랠 만큼의 매출을 올리면서 엄청난 수입을 벌어들이는 이유이다.

물론, 이러한 방식 때문에 사람들을 사업에 참여시키기가 더욱 쉽다. 즉 '판매 의무'가 없으며 단지 기존에 알고 있는 사람들에게 입에서 입으로 권유만을 하는 것이므로 영업사원이 돼 많은 제품을 이동시켜야 하는 것보다는 위험도가 적은 사업이다.

이제, 당신에게 적합한 차를 선정하는 기준을 살펴보기로 하자.

자신에게 가장 적합한 차를 고르는 방법

마음에 드는 제품이나 서비스, 참여하고 싶은 회사를 결정했다면 이제 당신이 찾고 있는 구체적인 사업 기회에 대해 생각해볼 차례이다. 이 사업이 자신이 원하는 것인지 아닌지를 판단하는 기준에는 어떤 것이 있는가?

당신이 점검해 보아야 할 점검표는 다음과 같다. (많은 사람들이 이 표 작성에 도움을 주었다. 코리 오젠스테인, 케이트 라고스, 데이비드 스테아트, 데비 발라드, 버크 헤지스, 켄트 폰더, 마이크 셰필드 등등)

1. 제품 또는 서비스의 가치는 얼마인가?

당신이 선택한 회사와 제품이 흡족하게 마음에 들어야 한다.

입에서 입으로 전해지는 사업이라 제품에 대해 칭찬할 말이 많아야 하기 때문이다. 네트워크 마케팅 사업에 있어 이 세상에서 가장 성공한 사람은 자신의 제품을 사랑하는 사람들이다.

여기서 최선의 충고는 당신이 자랑스럽게 여길 수 있는 제품과 차를 선택하라는 것이다. 아무것도 이를 대신할 수는 없다.

당신은 당신이 가진 모든 제품 중의 제품이 돼야 한다.

다른 시장이나 다른 제품을 살 때에 적용하는 것과 똑같은 기준을 당신의 제품 또는 서비스에 적용하라. 진정한 가치가 있는 제품이나 서비스인가? 계속적으로 수요가 있을 것인가? 독특한 제품인가. 즉 가게나 통신 판매 등에서 구입할 수 없는 물건인가? 사람들을 위한 제품인가?

이러한 질문에 긍정적인 답이 나오는 제품이나 서비스인지를 사업에 참여하기 전에 확인해야 한다.

2. 정직한 사업 기회인가?

그 어떤 것도 속여서는 안된다. 제품, 사람들, 회사, 문서, 이 모든 것이 모두 정직해야 한다. 그렇지 않다면 이 사업에 참여하지 마라.

그렇다면 정직한 것을 어떻게 알 수 있을까? 앞서 '아니오'라고 말할 대상을 구별하던 방법과 똑같은 방법을 사용하라. 모든 것을 점검하라. 회사와 상위라인 디스트리뷰터들이 이야기했던 것, 행동했던 것을 확인하라. 거짓말이나 과장이 없었는지 확인하라. 수당 지급 시기와 정확성을 점검하라. 제품과 수당 계획을 조사하라. 디스트리뷰터를 정당하게 대우하는지 알아 보라 등등. 회사나 당신을 리크루팅한 후원자(또는 다른 디스트리뷰터들)에게 직접 물어보라. 이 일이 (추가적으로 조사 작업을 요하는 일이지만) 해볼만 한 가치가 있는 일인가를.

또한 실망스런 한 두마디의 이야기를 들었다고 해서 이를 사실 전체로 받아들이지는 마라. 반드시 당신 스스로 확인해 보아야 한다.

이 점을 명심하라. 정직하지 않으면 성공할 희망이 없다.

비너스 안드렛은 그녀의 책 〈MLM 마술—평범한 사람이 無에서 시작하여 성공적인 네트워킹 사업을 이루는 법〉에 훌륭한 이야기를 많이 수록해 놓았다. 그중 하나는 다음과 같다.

"이 사업은 인격을 형성하거나 아니면 인격이 폭로되는 사업이다"

멋진 이야기이다.

3. 디스트리뷰터를 중시하는 회사인가?

나는 이 표현을 데이빗 스튜어트가 〈업라인〉 잡지에서 처음으로 사용한 것을 보았다. 이는 당신이 선택한 네트워킹 회사는 모든 사업 결정에 있어서 항상 디스트리뷰터를 염두에 두어야 한다는 것이다. 소위 '디스트리뷰터 우선주의'이며 이는 성공적인 네트워크 마케팅 회사의 의무 조항 중의 하나이다.

물론, 회사나 높은 직급의 디스트리뷰터들은 "그러나 회사가 이익을 창출하지 못하면 디스트리뷰터도 존재할 수 없다"고 말할 수도 있다. 물론 맞는 말이다. 그러나 이러한 이익은 누가 창출하는가? 바로 현장에서 뛰고 있는 디스트리뷰터들이다. 이 업계 전체가 디스트리뷰터를 중심으로 순환하고 있다. 따라서 네트워크 마케팅에서는 디스트리뷰터가 바로 힘이라고 이야기하는 것이 정확할 것이다.

그렇다면, 회사가 이 사실을 정확히 인지하고 여기에 맞추어 경영방침을 정하는지, 그렇지 못한지를 어떻게 알 수 있을까?

우선, 회사는 이것이 자신들의 사업이라고 말하거나, 행동하거나, 심지어 행동하는 것처럼 보여서도 안된다. 이 사업의 주인은 우리들, 즉 당신과 내자신이다.

명함에는 '로버트 버트윈의 무슨, 무슨 회사' 또는 '로버트 버트윈, 무슨 무슨 회사의 독립 디스트리뷰터' 라고 표시하라. 회사 사장이 교육 비디오에 나와서 다르게 이야기하지 않는지 주의해 보아라.

회사(회사 대표, 직원과 주주들)는 디스트리뷰터를 사업 동반자로 여겨야 한다. 어떤 경우 디스트리뷰터를 필요악으로 생각하는 사람들이 있다. 이런 사람들과는 멀리하라. 그들은 자신도 깨닫지 못하는 사이에 실패하게 될 것이다.

회사의 지원 자료를 살펴보아라. —판매·제품·보상 매뉴얼과 브로슈어 등 모든 것을. 이 자료들이 당신에게 적합한가? 이 자료들은 당신이 사업을 쉽게 할 수 있도록 만들어져 있는가? 만약 그렇지 않다면 주의하라.

나를 화나게 만드는 것이 있다. 높은 가격의 판매 보조 자료들이다.

자, 나는 사업가이고 이익을 위해서 뛴다. 따라서 네트워크 마케팅 회사의 이익은 디스트리뷰터들로부터 나온다. 때문에 회사는 비디오, 오디오, 다른 판매 보조 자료 및 교육 자료들을 가급적 저렴하게 보급해야 한다. 이러한 보조자료의 가격은 디스트리뷰터가 자료를 구입한 후 일정 기간이 지나면 만회할 수 있도록 책정돼야 한다. 회사가 맵시 있고 새로운 비디오를 디스트리뷰터에게 팔아서 20만 달러의 이윤을 남기고자 한다면, 디스트리뷰터들은 이보다 훨씬 더 큰 이익을 창출할 수 있어야 한다. 나는 어느 잘 나가는 신규 네트워킹 회사가 그 첫해에 2000만 달러 어치의 비디오를 팔았다는 소문을 들었다. 참으로 큰 수입이다. 그러나 이런 것은 별볼 일 없는 소탐대실의 표본이다. 왜냐하면 그 회사는 1년 반을 넘기지 못했기 때문이다.

이제, 회사의 체제를 살펴보자. 특히 두가지 분야를 주의깊게 살펴보자. 디스트리뷰터 교육과 디스트리뷰터 서비스. 즉 우량 네트워크 마케팅 회사를 확인할 수 있는 것은 우수한 현장 훈련과 지원이다. 정기적으로 짜여져 있는 회사 후원의 학습과 전국적인 행사들, 그리고 뛰어난 '고객 지원 서비스'가 바로 그것이다. (그리고 누가 이 회사의 고객인가를 기억하라. 제품을 사는 사람들? 아니다. 제품을 판매하고 다른 사람들을 후원하는 사람들, 바로 당신이다).

다시 강조하지만 오랫동안 일해온 디스트리뷰터?신규 가입자들과 이야기를 나누면서 이 양쪽 분야를 점검하라. 그들은 어떤 종류의 교육을 받았는지, 그리고 회사로부터 어떤 종류의 서비스를 받았는지 알아보아야 한다. 회사가 제공하는 기회는 훌륭한 자동차 중개인과 같다. 그리고 최고의 자동차 중개인은 우수한 서비스를 제공하는 고객 지원 부서이다.

따라 할 수 있는 사업 시스템을 찾아라

또 한가지 매우 중요한 것은, 따라 할 수 있는 사업 시스템이다. 대부분의 회사들은 이것을 디스트리뷰터에게 맡겨 버린다. 그리고 이렇게 말한다.

"이것은 당신의 사업입니다. 당신이 어떤 방법을 취하든 당신의 자유입니다"

좋게 들리는가? 그렇지 않다. 안일하고 무책임한 말이다.

물론 아주 드물게 이것을 자신의 책임으로 보는 네트워크 마케팅 회사들이 있다. 그들은 디스트리뷰터들에게 쉽게 따라 할 수 있는 사업 개발 시스템을 제공해 디스트리뷰터들이 사업 첫날에도 사용할 수 있도록 하고 있다. 어떤 경우에는 회사 대신 상위라인 조직이나 디스트리뷰터 모임에서 이러한 시스템을 제공하기도 한다. 양쪽을 모두 찾아보아라.

따라 할 수 있는 사업 구축 시스템이 이미 만들어져 있다면, 이는 분명 신의 선물이다. 당신이 〈성공적인 사업을 구축하는 10 단계〉 또는 〈당신의 성공을 위한 5가지 항목의 계획〉 등과 같은 책이나 비디오를 제공하는 회사를 발견했다면, 당신은 진정한 회사를 찾은 것이다.

그들은 당신이 성공하기 위해 무엇이 필요한지 알고 있다. 그들은 현재 당신의 위치를 파악하고 당신의 입장에서 성공할 수 있는 가능성을 높이기 위해 깊이 있게 연구한다. 왜냐하면 이렇게 해야만 최상의 결과를 낳을 수 있다는 것을 그들은 알고 있기 때문이다. 그들은 당신이 성공해 이윤을 낳는 사업을 구축하도록 진지하게 도와줄 것이다. 이런 회사야말로 정말로 훌륭한 회사이다.

가장 중요한 사실은, 이러한 회사는 당신의 성공이 자신들에게 얼마나 귀중하고 중요한가를 알고 있다는 것이다. 그렇다. 우리 모두는 자기 자신을 위해서 일한다. 회사도 그렇다. 여기서 좋은 사람과 좋지 못한 사람의 차이는 실행 방법에 있다. 네트워크 마케팅 디스트리뷰터로서 당신은 회사가 당신을 위해 일해줄 것을 기대할 권리가 있다.

그렇다고 당신만을 위해 일을 해줘야 한다는 의미는 아니다. 절대 그러면 안된다. 그러나 작가이자, 금융계의 권위자인 찰스 기븐이 지적했듯이, 모든 성공한 회사들은 업무의 80%를 마케팅에 쏟는다. 네트워크 마케팅에서, 당신과 나(디스트리뷰터들)는 일의

80%를 하고 있는 사람들이므로 회사가 해 줄 수 있는 모든 지원을 받아 마땅하다.

4. 훌륭한 경영진을 가지고 있는가?

그렇다. 다른 전통적인 회사와 마찬가지로, 훌륭한 경영진이 필요하다. 특히, 이 사업에서 네트워크 마케팅 경험을 가지고 있는 경영진이 반드시 필요하다.

나는 기업체의 똑똑한 친구들이나 해박한 기업가들이 이 사업에 참여했다가 재빠르게 사라지는 것을 많이 보았다. 왜냐하면 그들은 이 사업을 이해하지 못했으니까.

네트워크 마케팅에 들어와서 처음부터 이 사업의 진정한 묘미(거리에 나가서 이 사업을 할 때의)를 이해하는 사람은 거의 없다. 사실, 당신이 계란에 대해 알기 위해서 닭이 될 필요는 없다. 당신이 PC에서 노래가 나오도록 하기 위해서 컴퓨터 프로그래머가 될 필요는 없다. 그러나 네트워크 마케팅에서 경영진이 노련한 전문가가 아니라면 성공적인 네트워크 마케팅 경영을 위해서는 전문가를 고용하거나 몇 명의 전문가가 함께 참여토록 해야한다.

나는 항상 권위를 갖춘 경험 있는 네트워커를 찾는다. 만약 회사의 윗자리에 있는 사람에게 의문의 여지가 있다면 그 회사에 접근하지 마라. 썩은 사과 하나가 전체를 망치게 한다. 이와 같이 문제가 있는 사람들은 회사에 들어와서는 마침내 문제를 만들고 떠나가 버린다. 여기서의 문제점은 바로 이것이다. 당신은 이런 과정이 자연적으로 일어나서 사라질 때까지 기다릴 것인가? 그리고 그 사람들이 남겨놓고 간 문제가 완전히 정리될 때까지 수개월이고 수년이고 기다릴 수 있겠는가? 나의 답은 양쪽 모두 '노'이다.

그렇다면 다른 방법은 무엇인가?

거물급(떴다방, 철새 등)들과 뒷거래를 하는 회사를 피하라.

이에 대한 사례로, 해리 해비는 회사가 자신을 첫 레벨에 넣어주고 다른 프로그램을 통해 다른 라인에게까지 그가 물건을 팔수 있도록 하고, 그의 밑으로 새로운 여섯 레벨을 만들어 주며 그가 데리고 온 사람들이 모두 등록할 때까지 10만달러를 지급할 것을 약속한다면 그의 거대한 하위라인 사람들을 데리고 회사에 참여하겠다고 약속했다.

어떻게 되었겠는가? 더 나은 거래조건이 들어오자 그는 떠나가 버렸다. 망가진 회사를 남겨둔 채. 당신은 이 회사에 참여하게된 것을 매우 유감으로 여기게 될 것이다.

'뒷거래란 성공하지 않는 법'이다. 이 거물급의 예는 매우 드문 경우이다. 해리 해비는 돈 버는 것만을 추구하는 사람이다. '떴다방'들은 성실성이 없다. 성실성 없는 사람이 다른 사람들에게 성공적으로 네트워크를 구축하는 방법을 교육하고 가르친다면 네트워크 마케팅은 오래 버티지 못한다. 또한 잉여 수입을 위해 열심히 일하는 디스트리뷰터들을 망치고 말 것이다.

5. 공정하고 합당하며 실속 있는 수당 플랜을 가지고 있는가?

이것은 매우 주의를 요해야 할 항목이다. 달콤한 미끼를 조심하라.

달콤한 미끼?! 그렇다. 보상플랜 상에서 회사가 주는 수당 지급률이 다른 회사와 비교할 때 지나치게 높은 경우 등 조건이 너무 좋을 때에는 함정이 숨어 있을 수 있다. 조심하라.

문제는 신규 가입자들이 보상 플랜의 합법 여부를 평가할 만한 지식이 없다는 데 있다.

조언을 받을 시간이 필요하다. —경험 있는 사람에게 당신과 함께 보상 플랜을 점검해 줄 것을 부탁하라. 그리고 다시 한번, 이 보상 플랜을 한 단계 한 단계씩, 시간, 에너지, 돈으로 계산해 당신이 만들어 놓은 구체적이고 독특한 계획과 보상 플랜을 비교하면서 점검해 보는 것이다.

어떤 보상 플랜은 상위 직급 중심으로 돼 있다. —이 경우 회사는 상위 직급에 있는 사람들에게 수당을 높게 지급하는 반면 하위 직급의 사람들(이 사람들이 네트워크 마케팅 참여자의 80% 이상을 차지한다)에게는 수당을 적게 지급한다.

반대로 다른 경우에는 하위 직급 중심의 경우가 있다. —회사는 처음 신규 가입자에게 많은 수당을 지급하고 이 금액을 실질적으로 사업을 구축한 사람들에게서 충당한다. 이럴 경우 실질상의 리더가 없게 된다. 또는 있다고 하더라도 리더가 되기를 원치 않게 되는데 이런 경우 리더가 있는 것이 없는 것보다도 못한 결과를 초래한다.

따라서 조화를 이룬 보상 플랜이 필요하다. 여기에 대해 잘 알고 있는 사람이 당신을 도와 점검해 줄 것을 부탁하라. 만약 이런 사람을 알지 못한다면 업계 전문 신문사나 잡지사를 방문해 누구에게 상담할 것인지를 물어보라.

여기에 해야 할 것과 하지 말아야 할 것에 대한 목록을 준비했다.

회사가 지난 2년 동안에 보상플랜을 13회나 바꾸었다면 참여하지 마라. 이 회사는 무능하거나 사기꾼, 또는 양쪽 모두이다.

변화는 필요하다. 보상플랜은 발전시켜야 한다. 그러나 좋은 회사라면 극히 일부분의 기본적인 조정만을 행하며 조정을 할 때에는 한가지를 바꾸는 데에도 수개월 동안 디스트리뷰터들의 반응을 알아본 후에 실행한다.

과거에 어려운 시기를 겪은 회사와 일하라. ―재정적이든 법적이든 상관없이― 문제를 극복한 회사와 함께 일하라. 이 회사는 문제점을 파악하고 문제를 극복할 수 있는 방법을 안다. 만약 당신이 참여하고 있거나 참여하고자 하는 회사가 어려운 시기를 겪고 나서 하나가 돼 이를 극복했다면 당신은 이 회사가 오랫동안 버티어 나갈 수 있다고 확신해도 된다.

어려움을 겪은 회사를 경계하지 마라. ―그들이 과거보다 현재에 더 잘해나가고 있다면 말이다.

포상여행, 휴가, 컨벤션 따위에 현혹되지 마라. 집사람 보니와 나는 그간 여행을 충분히 다녔다. 이제 우리들은 집에 있으면서 돈을 벌고 싶다. 사실이다.

내가 좋아하는 품목은 차량 유지비다. 이것은 정말 좋은 인센티브이고 포상 품목이다. 이는 리더들이 생산적으로 활동할 수 있도록 도와준다. 누가 3개월간 판매 실적이 너무 저조하다고 해서 자신의 차를 포기하고 싶겠는가? 아무도 없다. 당신은 배를 타고 칸쿤까지 여행을 할 수 있다. 그러나 나는 그것을 돈으로 타서 내가 가고 싶은 곳에, 내가 원할 때에 아이들을 데리고 여행을 떠나겠다.

엄청난 돈을 벌 수 있다는 이야기에 유혹 받지 마라. 근면하게 일하고 회사 프로그램이 어떻게 운용되는지 정확하게 이해하도록 하라. 네트워킹 포도밭에는 사업 첫 달에 1만달러 등 불가능한 수입을 계획하고 마치 벌어들인양 돈을 써버리는 사람들로 가득 차 있다. 만약 어떤 사람이 당신에게 자신은 사업을 시작한지 3개월만에 4만6000달러를 벌었다고 말하면서 당신도 그렇게 벌 수 있다고 한다면 일어나서 나와 버려라!

여기 저기를 찾아보며 다녀라. 자동차(회사?사업 기회)만 찾아 볼 것이 아니라, 후원자도 찾아보아라. 당신에게 이 사업에 대해 이야기 한 첫번째 사람에게 등록해야 한다는 법은 없다. 당신의 후원자는 당신이 믿을 수 있고 당신과 이야기가 통하며 당신의 성공을 위해 노력을 기울여주는 사람이어야 한다. 당신과 이야기한 사람이 그런 사람이 아니라면 다른 사람을 찾아보아라.

또한 당신에게 등록할 사람만을 찾아다니지 말아라. 당신의 상위라인 조직도 알아보아라. 모든 프로그램에는 진정으로 열심히 사업을 하는 네트워크 그룹들이 있다. 이렇게 활동적인 그룹의 일원이 됨으로써 당신을 위한 성공의 가능성을 더욱 높일 수 있다.

따라서 차와 후원자 —당신이 함께 일을 잘할 수 있고 강력한 상위라인을 가지고 있는 사람— 를 찾아다니는 것을 두려워하지 마라. 당신은 성공적인 부동산을 고르는 3가지 중요한 규칙에 대해 들어보았을 것이다. 〈입지조건, 입지조건, 입지조건〉. 네트워크 마케팅에서도 마찬가지이다. 중요한 규칙 3가지는 〈차와 후원자, 차와 후원자, 차와 후원자〉이다. 이 두가지는 매우 중요하다.

그외에 무엇이 있을까?

다음 장에서 이에 대해 좀더 생각해 보기로 하겠지만, 무엇보다도 당신에게 알려 주고 싶은 것은 당신에게 적합한 차를 선정하는 방법에 대해서이다.

기억하라. 여기에 보증이란 없다. 당신은 완전한 차를 선택할 수는 있지만 사고는 여전히 생긴다. 당신은 차를 타고 얼마간 운전을 해본 뒤에야 이 차가 당신이 원하던 차가 아닌 것을 발견할 수 있다. 슬프지만 사실이다.

차가 어떠한 지를 알 수 있는 방법은 몇 개월간 차를 몰아보는 것이다. 때로 사람들은 불량품을 만나게 된다. 인생도 이와 같다. 그러나 문제가 무엇이든 가장 중요한 것은 당신 자신이다. 비록 당신이 완전하지 못한 차를 선택했다고 하더라도 당신은 이를 더 성능이 좋고 쓸모 있는, 보다 나은 차로 만들 수 있다.

네트워크 마케팅에서 성공한 사람들 중 많은 사람들이 첫번째 회사에서 지식을 배우고 이를 발전시켜 두번째 회사에서는 성공을 거두었다. 그렇다고 당신을 부자로 만들어줄 회사를 기대하면서 차를 자꾸 바꾸라는 것이 아니다. 내가 말하고 싶은 요지는 '사업 성공의 핵심은 바로 자신' 이라는 사실이다.

나는 이 사업을 너무나 훌륭히 해내고 있는 몇 사람을 알고 있다. 그들은 어떠한 차를 타더라도 이내 승자가 된다. 당신이 할 수 있는 한 최고의 차를 가지는 것이 당신에게 큰 이득이 된다. 그러나 다시 말하지만, 결국에는 당신의 성공은 당신에게 달려 있다는 것이다.

다음 몇 장에서 내가 다루고자 하는 것은 당신이 길라잡이 네트워커가 되도록 ―어디서든, 언제든, 그리고 어느 회사와 함께 일하든― 도와주는 것이다.

스테판 코비가 그의 위대한 저서 〈성공한 사람들의 7가지 습관〉에서 지적한 바와 같이, 우리는 종속에서 독립으로 그리고 상호 독립으로 발전해 간다. 당신이 스스로의 독립을 만들어 낼 수 있다는 것, 그리고 당신이 독립을 어느 곳에서든 할 수 있다고 확신할 수 있다면 멋진 일이다. 그리고 더욱 멋진 일은 진정으로 훌륭한 회사와 후원자와 함께 일하고 있다는 것을 깨닫는 일이다.

다음 장에서는 당신의 독립―재정적 독립을 이루어 내는 방법에 대해 살펴보기로 하자.

CHAPTER SEVEN

행동의 시작

　쉽게 풀어 "행동이 일어나는 때"라고 부르자. 왜냐하면 행동은 어느 한 장소에서, 다시 말해 네트워크 마케팅 사업이 진정으로 어떠한 사업인가를 이해하게 되는 시점에 일어나기 때문이다.

　수년간 이 사업에 몸담고 있어도 네트워크 마케팅이 어떠한 사업인가를 진정으로 이해하지 못하는 사람들이 있다. 반대로 사업을 시작한지 며칠 안되었는데도 네트워크 마케팅을 진정으로 이해하는 사람도 간혹 있다. 하지만 이러한 사람들은 정말 몇 안된다.

　나는 누군가에게 무엇을 이해시키는 방법을 모른다. ―하물며 일반적인 사업이 아닌 경우에는 더욱 그렇다. 네트워크 마케팅은 따라할 수 있는 공식이나 먹어서 해결할 수 있는 마력의 알약 같은 것이 없다. 더욱이 이해의 습득은 사람마다 각기 다른 방식을 필요로 한다.

자전거 페달를 밟는 법

이 사업은 자전거 타기와 같다. 당신은 자전거 타는 법을 다른 사람들에게 어떻게 '이해' 시켜 줄 것인가?

우선, 자전거에 대해 모든 것을 설명해 줄 수는 있다. 자전거 모양, 자전거가 어떻게 움직이는가 등등. 또한 자전거 타는 법에 대해 설명하고 시범을 보여 줄 수도 있다. 심지어 비디오를 보여주면서 상세하게 설명할 수도 있을 것이다.

이렇게 배우고 나면 자전거 '타는 법'을 알 수 있을까. ―실제로 자전거를 탈 수 있을까? 결론부터 말하자면 타지 못한다.

실제로 자전거를 타고 달려 보면서 타다가 넘어지기를 반복하고 나서 결국 거리로 자전거를 타고 나가기 전까지는 아무도 자전거 타는 법을 이해하지는 못한다.

네트워크 마케팅도 이와 같다. 실제로 사업에 참여해 실행해 보기 전까지는 이 사업이 무엇이라는 것을 진정으로 이해할 방법이 없다.

그렇다면 왜 귀찮게 이 책을 읽고 있는 것일까? 좋은 질문이다.

그것은 당신이 이해를 할 수 있도록 준비를 시켜주기 위함이다. 그렇지만 완벽하게 이해시켜주지는 못한다. 어떤 다른 책이나 비디오도 마찬가지이다. 네트워크 마케팅의 이해는 사업을 하면서 습득되는 과정을 통해서만이 진정으로 배우고 발전하고 성장할 수 있다.

그렇다면 이 책이 하는 일은 무엇인가? 이 책에서는 당신에게

'행동이 시작되는 곳'에 대해 이야기해 줄 것이다.

　자, 기초부터 생각해 보기로 하자.

"+(덧셈)"과 "×(곱셈)"의 차이점

　단 파일라는 그의 책, 〈거대하고 성공적인 다단계 조직을 구축하는 방법〉에서 덧셈과 곱셈의 차이점을 지적했다. 이는 매우 중대한 문제다. 왜냐하면 곱셈방식의 증식이란 이 사업에 추진력을 만들어 주기 때문이다. 만약 당신이 '곱셈'을 하지 않는다면, 즉 성장이 단순히 덧셈방식의 추가적인 것이라면, 당신은 결국 지치거나 또는 아무것도 이루지 못하게 될 것이다. 또는 양쪽 모두일 수도 있다.

　덧셈법이라고 하는 것은 ―최소한 사업에서는― 열심히 일하는 것을 말한다.

　그러나 곱셈법이란 현명하게 일하는 것이다.

　고전적인 접시돌리기를 본 적이 있는가? 한 사나이가 무대에 나와서는 5, 6피트의 장대들을 8, 9줄 늘어놓고 막대 끝에서 접시들이 돌아가게 한다. 참으로 놀라운 광경이다. 그는 첫번째 접시를 돌린다. 그리고 두번째, 세번째, 네번째 그리고 다시 처음으로 돌아가서 첫번째 접시를 계속 돌린다.

　그렇게 해야, 접시가 떨어져서 깨지지 않는다. 그리고 나서 두번째, 세번째 계속해서 행동을 반복한다. 그는 앞뒤로 뛰어다닌다. 그가 새 접시를 돌릴 때마다 그는 처음으로 돌아가서 다른 모든 접시들을 다시 돌려준다. 이러한 과정이 계속 반복됨으로써 접시들은 동시에 모두 허공에서 돌아가게 된다. 관객들은 웃으며 박수를 친다. 그러나 사실, 이 사나이는 생계를 꾸려 나가기 위해 '미친 짓을 하고 있는 것'이다.

알고 있는가? 대부분의 네트워커 마케터들도 이와 같은 일을 한다는 것을. 이 사업은 모든 접시들을 돌리는데 목적이 있는 것이 아니다. 또한 당신이 알고 있거나 과거에 알았던 모든 사람들을 등록시키는데 목적이 있는 것도 아니다. 이 사업은 덧셈식의 사업이 아닌 것이다.

네트워크 마케팅은 리더 발굴을 목표로 한다. 이 리더는 스스로 따라하기를 실천하면서, 자신의 조직(곧 당신의 조직)내 다른 디스트리뷰터들에게도 전달할 수 있어야 한다.

당신이 일단 사업을 증식시켜 놓으면 그 다음부터는 첫번째 접시로, 두번째 접시로, 그 다음 접시로 뛰어다닐 필요가 없다. 조직의 성장은 저절로 이루어지기 때문이다.

5배, 5배, 5…

5는 우리 사업에서 마력의 숫자다.

이것은 군대의 경우와 비슷하다. 군대에서는 장교를 5명씩 그룹 지어 놓았을 때 적절하게 유용하다는 것을 발견했다. 네트워크 마케팅에서도 첫 레벨에 주요 리더가 5명인 경우가 적절한 인원수이다.

월 수당의 90% 또는 그 이상을 2개 내지 5개 하위라인에서 벌어들이는 어떤 사람의 예를 보자. 그의 각 하위 라인은 한명의 주요 리더(또는 리더 부부)가 이끌고 있다. 사실, 네트워크 마케팅에서는 수백, 수천명의 조직을 만들 필요가 없다. 최소한 개인적으로는 만들 필요는 없는 것이다. 당신이 구축해야 할 조직은 여러명에서 수십명 정도의 사람들로, 그 중에는 두명 내지 다섯명 정도의 주요 리더들이 있으며, 똑같은 일을 하게 된다. 여기에서부터 수백, 수천명의 사람들이 조직된다.

이 점을 염두에 두고 당신이 하는 것과 같은 사업을 구축하고 싶어하는 사람을 5명 찾아서 그들과 함께 '앞으로 전진' 하는 것을 목표로 삼아라.

그들을 훈련시키고, 교육하고, 후원하라. 마치 이것만이 당신이 사업하는데 유일한 목표인 것처럼 실행하라. 왜냐하면 당신은 네트워크 마케팅 사업이 무엇인지를 이해하고 있기 때문이다.

돈 버는 비법

조폐공사와 위조 화폐범들은 바로 눈앞에서 돈을 찍어낸다. 그러나 우리들 대부분은 돈을 벌어야 한다. 어떻게 하면 네트워크 마케팅에서 돈을 벌 수 있을까?

여기엔 세가지 방법이 있다. (1)소매 판매 (2)소개 판매 (3)네트워크 구축하기. 각 항을 차례로 살펴보자. 먼저 소매판매를 보면.

소매 판매로 인해 많은 사람들은 이 사업에서 돈을 번다. 샌디 엘즈버그가 말한 것처럼 "즉각 돈을 벌 수 있는" 이 사업은, 현찰을 손에 쥘 수 있어 항상 마음이 든든하다. 그러나 소매 판매를 기초로 한 네트워킹 사업에는 단점도 있다.

그 한가지로, 대다수의 사람들은 판매영업에 대해서는 어떠한 종류라고 하더라도 부정적인 시각을 가지고 있다. 대부분의 사람들은 영업사원에게 설득당해서 구입한 물건이 그들이 설명한 제품과는 전혀 다른 경우를 한번쯤은 경험했기 때문이다. 즉, 원하지도 않았고, 필요하지도 않은데다 효과조차도 없는 제품을 구입했던 것이다. 이 때문에 많은 사람들이 영업직과 영업직 사람들을 탐탁지 않게 여기게 된 것이다.

사람들을 실험해 보고 싶은가? 사람들에게 가서 무언가를 팔아 오라고 시켜보면 재미있는 일이 벌어질 것이다. 그들은 15분내지 20분간 열심히 호소하면서 당신에게 "자신은 물건을 팔 수 없다"는 것을 납득시키려고 할 것이다. 결국 그들이 얼마나 당신을 훌륭히 설득했는지 당신은 설득 당하고 만다.

만약 당신이 좀더 재미있는 경험을 원한다면 상대방이 "나는 팔 수 없다(I can't sell)"는 것에 대해 열심히 설명하는 것을 끝마치고 났을 때 손을 번쩍 들고 말하라.

"좋습니다. 좋습니다. 알았습니다. 당신은 분명 내게 물건을 팔았습니다(You've sure sold me. ※sold; sell의 과거분사. 팔다는 뜻 외에 선전하다, 설득하다의 뜻이 있음. 즉 '나를 설득했습니다'로도 해석할 수 있음)" 그들이 이해했을지 모르겠지만 결국 깨닫게 될 것이다. 우리는 늘상 우리가 믿고 있는 것을 Sell(팔거나 선전하거나 설득)하고 있다는 사실을.

이 이야기가 우습게 들릴지 모르지만 사실이다. 미국은 전세계에서 가장 큰 소비 사회지만 아무도 판매를 하려고 하지 않는다

(이 때문에 최고의 판매업자는 어느 사업의 경우에서든 믿을 수 없을 만큼의 수입을 벌어들이게 된다).

어찌 되었건, 만약 당신의 사업이 소매 판매를 기반으로 하고 있다면 —즉, 판매가 당신 사업의 핵심 전략이라고 한다면— 당신은 사람들을 사업에 참여시키고자 할 때 악전고투를 해야 할 것이다. 왜냐하면 판매를 하고 싶어하지 않는 사람들을 대상으로 거대한 조직체를 구성하려 하는 당신의 목표 자체가 잘못된 것이기 때문이다.

당신이 첫 인상을 줄 수 있는 기회는 오직 한번뿐이다. 그리고 당신의 첫 인상이 '네트워크 마케팅은 판매를 목적으로 한다'는 것으로 인식시키게 된다면 당신은 앞으로 사업을 구축하는데 힘겨운 전투를 각오해야 할 것이다.

사실, 우리 모두는 항상 무언가를 팔고 있다. 문제는 당신이 네트워크 마케팅에서 무엇을 파느냐에 달려 있다.

처음 3분에 승패는 갈린다

당신이 네트워크 마케팅에서 팔 수 있는 으뜸가는 가장 중요한 품목은 바로 "당신 자신"이다.

사람들은 당신이 진지하게 자신들에게 관심을 가져주기를 바란다. 그리고 자신의 가장 관심 있는 부분을 이해해 주기를 바란다.

즉, 그들에게 우선 당신자신을 팔지(이해시키지) 못한다면, 당신이 제시한 자료는 물론 당신의 이야기조차 듣지 않을 것이다.

사람들이 텔레비전 광고를 보고 구매 결정을 하는데 얼마간의 시간이 걸리는지 아는가? 최고 4초간이다.

인쇄 광고물이나 신문, 잡지의 광고는 어떨까? 사람들 중 75%가 광고 제목만 보고 구매를 결정한다.

그렇다면 판매 설명회는 어떠한가? 당신은 20분 정도의 설명회를 여는가? 아니면 45분 정도 인터뷰를 하는가? 다시 생각해 보아라. 당신의 예상 고객들은 설명회 처음 3분안에 구매를 결정한다.

이것은 과학적으로 입증된 수치이다. 대부분의 '구매 결정'은 무의식적인 가운데 즉각적으로 이루어진다. 이러한 결정은 이성적이기보다는 감정적인 면에 기초한다. 우리가 새로운 사람을 만났을 때 우리 자신을 판매하는 것은 최대한 몇 분만에 이루어진다. 그 다음에 우리가 행동하고 말하는 것은 사실상 '사후 판매'로 우리의 고객이나 예상 고객에게 이미 이루어진 감정상의 판단을 실질적으로 보충해 주거나 강화시켜 주는 역할을 할뿐이다.

이미지 만들기

테니스 스타 안드레 아가시가 나왔던 텔레비전 광고를 기억하는가. 각기 다른 모습들을 하나 하나 보여준 다음에 안드레가 선글라스를 벗으며 이렇게 말한다. "이미지가 중요합니까?"

사족이지만, 당연히 이미지는 매우 중요하다. 중요하니 광고에까지 나왔겠지.

자신의 이미지를 굳히는 것은 매우 중요한 일이다. 그러나

'이미지'는 실제와 다르거나 거짓되게 보이도록 만드는 것이 아니다. 내가 말하고 싶은 것은 구체적으로 '어떤 ―당신이 누구이며 어떠한 사람인가에 대해서― 메시지를 보내야 하느냐'에 관한 것이다.

기억하라. 당신은 자신 스스로를 판매해야 한다.

만약 당신이 내 방식대로 사업에 접근한다면, 당신이 팔 수 있는 유일한 품목은 당신 자신이다. 나는 혼자서 거의 모든 일을 처리한다. 따라서 도구들 ―브로슈어, 테이프 등등― 을 이용해 일을 한다. 즉, 이 도구들을 활용하는 것이다. 그렇게 함으로써 내 일에 주력할 수 있다. '나의 일'이란 무엇인가? 그것은 다른 사람들에게 신뢰감을 심어주고 교감을 형성하는 것이다. 즉 그들에게 나를 팔면서 후원자로서 조언자로서의 내 가치를 알려주는 것이다. 나는 계속해서 작업을 하는 것과 동시에 이러한 도구들을 활용해 네트워크 마케팅의 사업 기회, 제품 그리고 회사를 판매했다.

당신은 항상 자신 스스로를 판매해야 하므로, 이를 위해서 가장 좋은 방법은 당신의 예상 고객에게 줄 수 있는 당신 자신에 관한 글을 준비하는 것이다. 제3자가 당신을 인정해 쓴 글이 최상이다. 그렇다면 이렇게 당신을 인정해 쓴 글을 준비하는 것보다 더 좋은 방법은 무엇인가?

〈업라인〉에서 나를 취재한 적이 있었다. 나는 그 취재 기사를 복사해 모든 예상 고객에게 보여주었다. 〈업라인〉은 지명도가 매우 높은 간행물이고 글자 조판이 깔끔하게 되어 있어 인상적인 효과를 거둘 수 있다.

"그러나 로버트, 나를 〈업라인〉이 직접 취재하지는 않을 것 같은데요"

괜찮다. 우리 주변에는 프리랜서 작가들이 많이 있다. 그들은 매우 적정한 가격으로 당신을 취재해 줄 수 있다. 당신은 대학의 국문학과나 신문방송학과 건물 근처에 살고 있는가? 게시판에 당신의 전화번호를 기재해 광고를 붙여라. 대학생들은 항상 돈이 궁한 법이다(그리고 그들이 당신을 취재한 기사를 쓰고 난 뒤 그들을 당신의 사업에 참여시킬 수도 있다).

당신 사진 ―5×7 크기의 흑백 사진으로 당신이 멋지게 보이는 사진― 을 준비해 편집을 하라. 그리고 나서 전화번호부 책을 뒤져서 데스크 탑 출판업자나 인쇄소를 찾아라(데스크 탑 출판업자가 보통 더 싸다). 당신의 취재 기사를 조판으로 만들어라. 그러면 〈아이 엔 씨〉, 〈포프〉, 〈피플〉 또는 〈업라인〉 잡지 기사와 똑같이 보일 것이다. 이것을 수백장 인쇄하라.

그러면 당신은 즉석에서 명성과 인정을 얻을 것이다.

"아니, 그것은 속임수잖아요"

그렇지 않다. 이것은 현명한 방법이다. 기사에서는 당신이 하고 싶은 이야기를 반드시 쓰도록 하며 이 이야기는 사실이어야 한다. 이렇게 함으로써 당신은 자신의 이미지를 만들 수 있다. 이 기사를 당신의 예상고객 모두에게 나누어주어라.

당신이 바로 사업이다

당신은 제품을 판매하는 것이 아니다. 그렇다고 당신이 몸담고 있는 회사를 판매하는 것도 아니다. 당신의 예상고객들은 셀 테크, 라이트 포스, 네츄럴 월드, 옥시프레쉬 같은 회사들과 일하는 것이 아니다(만약 그들이 제품이나 회사를 판매하기 원한다면, 회사 직원으로 지원해야 할 것이다). 그들은 당신의 조직 안에서 당신과 함께 일하게 되는 것이다.

당신이 그들에게 판매하는 것은 그들을 성공으로 이끌 수 있는 통찰력과 기술, 지식 등을 당신이 가지고 있다는 사실들이다.

나는 옛날 속담의 '모르는 것이 약'이라는 이야기를 배격하고 싶다. 이 속담은 완전히 잘못된 이야기다. 특히 우리 사업에서는? 아는 것이 힘?이다.

우리는 자신의 인생에서 원하는 만큼의 부(富)를 모을 수 있다. 또한 원하는 사람들을 모을 수 있다. 이것은 우리의 노력과 인격에 달려 있다. 인격과 하고 있는 일은 바로 우리가 계속해서 얻고 있는 정보의 산물이다. 이 정보의 산물을 사람들에게 제공할 것이라는 사실을 알려야 한다.

당신의 지식은 당신의 가치를 크게 변화시킨다. 당신의 가치는 중요하다, 왜냐하면 당신자체가 당신의 사업이기 때문이다. 사람들은 이러한 이유 때문에 당신의 네트워크 마케팅 사업에 등록을 하는 것이다.

가치 높이기

〈업라인〉이 나를 취재했었다는 이야기를 했다. 사실 〈업라인〉이 취재를 했건 하지 않았건 간에 〈업라인〉과 같은 업계 전문지는 당신에게도 매우 귀중한 도구이다. 이 전문지들은 당신의 가치와 이 사업 진가를 높여줄 수 있는 정보들을 대거 수록하고 있기 때문이다.

정보 제공 기사, 인터뷰, 자료 카달로그를 당신이 구독신청을 하면 받을 수 있는 것 이외에도 〈업라인〉에는 당신의 가치를 높여주는 매우 멋진 방법이 수록돼 있다.

〈업라인〉 2페이지에는 매월호마다 "편집 지침란"에 이렇게 명시돼 있다.

"저작권 ⓒ 업라인 엠엘엠 출판사. 판권은 본지 정기 구독자에게 보유. 본지의 모든 기사는 복사해 사용할 수 있음. —본지는 여러분이 본 기사를 적극 사용하도록 권합니다"

이는 당신이 찾은 모든 기사는 복사해 당신의 고객, 예상고객, 그리고 하위라인 사람들에게 보낼 수 있다는 것을 의미한다.

기억하라. 이 도구가 판매를 하도록 만들어라. 전문지는 당신이 가지고 있는 도구 중에서 가장 재능이 많고 강력한 도구이다. 나는 영원히 이 기사들을 복사해 예상고객들을 교육시키는데 사용할 것이다. 나는 이런 잡지의 지식을 나의 가치, 나아가서는 내 사업 가치의 일부로서 이용하고 있다.

조직망이 해결책이다

대부분의 사람들은 '판매 직종'을 마음에 들어하지 않는다. 즉, 그들은 자신이 '판매직'에 종사한다고 생각하고 싶어하지 않는다.

이 문제를 해결할 수 있는 최상의 방법은 당신의 설명회에 달려있다. 앞서 이야기했듯, 이 사업에서는 '많은 사람들이 각각 조금씩 일을 한다'. 다르게 이야기해서, 우리가 일반적으로 생각하는 것처럼 '판매'할 필요가 없다는 것이다. 당신이 정말로 판매하는 것은 손으로 만질 수 없는 것이다. 바로 ?약속?이다. 당신이 기술과 지식을 습득해 사람들이 항상 꿈꾸는 인생을 창조할 수 있도록 도와주겠다는 약속이다.

당신은 사업을 발전시키는 인생을 살고 있다(판매를 발전시키는 것이 아니다). 또한 당신은 다른 사람을 가르칠 수 있는 조직망을 가지고 있어 그들이 원하는 인생을 살 수 있도록 도와줄 수 있다. 그들은 자신의 사업을 구축하기 위해 당신의 조직망을 통해 따라할 수 있게 된다. 그들이 이 조직망을 사용하는 방법을 배우고 익숙해질 때까지 충분히 연습을 하고 나면 이번에는 반대로 그들이 다른 사람들을 교육시킬 것이다.

우리가 진정으로 판매하는 것은 —네트워크 마케팅에서 실현 가능한— 인생방식이다. 그리고 이러한 인생에 접근할 수 있는 방법을 우리는 알고 있다는 것이다. 따라서 당신자신은 당신의 진정한 제품이다.

모든 현명한 마케터들이 알다시피, 경쟁에서 한 발자국 앞서는 길은 지속적인 제품의 향상이다.

판매직의 딜레마

세미나를 할 때마다 물어보는 질문이 한가지 있다. 질문을 하나 해도 되겠느냐고 물어보면 사람들은 만장일치로 '예!' 라고 대답한다. 질문은 이렇다.

당신이 살아오면서 최소한 한번이라도 판매를 하는 과정에서 이득을 보았다고 생각한 적이 있는가?

모든 사람이 그러한 경험을 했다. ―이러한 경험은 판매 문제를 전체적으로 재구성할 수 있는 열쇠가 되며, 이로써 사람들은 이 사업이 진정으로 무엇인가에 대해 명확한 그림을 그릴 수 있게 된다. 여기에 대해서 러스 드반은 가장 훌륭하게 설명하고 있다. 나는 러스의 허락을 받아, 그가 〈업라인〉 잡지에 실은 기사를 여기에 인용한다. 러스는 다음과 같이 쓰고 있다.

'판매' 일을 좋아하지 않는가? 좋아하지 않는다면 여기에 대한 해결방법, 아니 희소식이 하나 있다. 당신은 이미 판매를 매우 잘한다는 사실이다.

모두가 알다시피 판매는 대부분의 사람이 불편하게 여기는 일이다. 네트워크 마케팅은 '따라하기'를 통해 행해지는 사업이다. 때문에 거의 모든 사람들이 따라할 수 있도록 간단하고 쉬운 체계를 개발해야 한다. 만약 사람들이 따라하는 과정에서 불편함을 느낀다면 누가 이 일을 하려고 할 것인가.

이러한 이유 때문에 전통적인 판매 기법이 아닌 확실한 대안이 필요하다. 판매는 나쁜 일이 아니다. 판매 기술을 개발하는 일은 매우 유용하다. 그러나 판매 과정 그 자체 —사람들과 가까워지고, 거절을 처리하고, 장점과 이점, 혜택 등을 부각시키는 것— 는 대부분의 사람들에게는 너무 어려운 일이다.

하지만 스스로 구입하는 것과 강요당해서 구입하는 것은 서로 다른 문제다. 장점만을 부각시키는 일방적인 판매태도는 사람들에게 강요당하는 듯한 느낌을 주어 저항감을 불러일으킨다.

사람들은 구매를 하고 싶더라도 강요당한다는 느낌이 들면 본능적으로 싫어한다. 이러한 구매와 판매에 대해 오래된 구조적 모순 없이 판매 목표를 성취할 수 있는 또 다른 방법이 있다.

바로 프로모팅(promoting: 판매촉진)이다.

판매의 최종 결과는 주문을 받는 것이다. 하지만 선전을 통한 판촉활동이란 제품의 가치를 성공적으로 전달하면 임무끝이다. 차이점을 이해하겠는가? 당신이 권하는 제품의 가치를 이해시켜라. 그것이 당신의 임무이다.

판매는 학습되어지는 기술이다. 당신은 날 때부터의 판매사원이 아니다. 판매는 당신이 장사하는 '기술과 기법'을 연구하고 개발한 후에나 가능한 것이다. 그러나 당신은 날 때부터 프로모터(promoter)다. 대부분의 사람들이 그러하다.

당신이 무언가에 감홍 받았던 일을 생각해 보라. 당신은 〈화성에서 온 남자, 금성에서 온 여자〉라는 책을 읽어보았는가? 대단하다고 생각하지 않았는가? 당신은 영화 〈포레스트 검프〉를 좋아하는가? 당신을 감동시킨 차, 음식맛이 매우 인상적이었던 식당이 있는가?

사람들이 무언가에 감흥하게 되면 본능적으로 그 감흥을 누군가 다른 사람과 나누고 싶어한다. 제품이나 경험이 가치 있는 것일수록 다른 사람에게 이것에 대해 이야기하고 싶은 충동은 더욱 강해진다.

일본인은 이것을 가리켜 한 단어로 표현했다. —기리(ぎり; 義理). 이는 의무를 동반한다. 이 말에 숨어있는 지혜는, 어떤 가치나 혜택을 입은 사람은 그에 대해 보답을 하고 다른 사람들에게 그 혜택을 양도해 주어야할 의무가 있다는 것이다.

당신이 이렇게 자신의 감격을 다른 사람과 나누는 것을 나는 '판촉'이라고 부른다. 이 자체가 판매는 아니다. 그러나 많은 제품들이 그 제품을 판촉하는 사람들에 의해 판매된다. 사실, 이것이 대부분의 제품이 '팔리'는 방식이다.

나는 영화 한편을 만들었다. 그래서 영화사와 프로듀서들이 티켓을 파는데 있어 영화 평판에 의존하고 있다는 것을 알게 되었다. 이것이 선전이다. 영화평은 사람들을 영화관으로 끌어들이는데 광고나 시사회보다 훨씬 강력하고 효과적인 '판매' 기법이다. 〈쥬라기 공원〉이 나왔을 때 이 영화 광고는 짧은 기간동안만 행해졌다. 사람들이 이 영화를 보러 극장에 갔다. 영화를 보고 나온 사람들은 신선한 충격에 도취돼 있었다. "너 그 영화 봤구나! 믿기지 않는 영화야. 티라노사우르스 렉스가 집 밖에 숨어 있던 변호사를 먹어 치웠잖아. 기억나니?"

이러한 관객들의 첫 반응 덕택으로 영화사는 모든 광고가 필요 없게 되었다. 〈쥬라기 공원〉은 최고의 흥행 기록을 세웠다. ― 전 세계적으로 7억5000만 달러를 벌어들인 것이다. 1995년 말까지 20억이 넘는 사람들(전세계 인구의 5분의 2 이상)이 〈쥬라기 공원〉을 보았다.

그러나 당신이 이 영화 광고를 마지막으로 본 것은 언제인가?

아놀드 슈왈츠제네거 주연의 〈라스트 액션 히어로〉의 광고 예산은 〈쥬라기 공원〉보다 훨씬 높았다. 그러나 이 영화는 흥행에 실패했다. 왜였을까? 사람들이 이 영화를 선전하지 않았기 때문이다. 아니, 사람들이 선전을 하기는 했다. ―그 영화를 보러 가지 말라는.

우리는 이렇게 항상 선전을 한다.

네트워크 마케팅에서, 사람들은 판매 과정에 돌입하자마자 효과적으로 선전하는 능력을 잃어버린다. 판매를 목표로 하는 사람들은 팔려고 노력하면 할수록 자연적으로 널리 파급되는 '선전' 의 효과를 거두지 못한다.

"사람들이 〈쥬라기 공원〉을 보러가도록 만드는 방법"에 대해 수업을 듣는다고 가정해 보자. 우선, 당신은 적합한 예상 고객을 찾아서 사전 접근 단계 방법을 배운다. 대화를 시작해 교감을 형성하고 오락과 관련해 그들이 원하고 필요로 하는 것이 무엇인지 발견하는 방법을 배운다. 당신은 영화의 특징과 영화가 주는 이점을 구별하면서 이러한 이점을 이용해 효과적인 프리젠테이션이 되도록 만드는 방법에 대해 교육을 받을 것이다. 이 과정에서는 만약 예상 고객이 부정적인 반응을 보였을 때 당신이 이를 긍정적으로 대처할 수 있도록 가르친다. 당신은 일련의 일반적인 거절을 처리하는 연습을 하면서 이를 극복할 수 있는 방법을 배우게 된다. 당신에게는 따라할 수 있도록 대본이 제공될 것이다. 여기에서는 추리 방식, 벤 프랭크린 방식, 콜롬보 방식에 대해 배우게 된다.

자, 누군가에게 영화를 보러가도록 만들어라.

당신은 판매와 선전(판촉)의 커다란 차이점을 알고 있는가? 당신은 자신이 판매직에 종사한다고 생각되어도 무방한가? 사람들이 당신에게 직업을 물었을 때 당신은 '판매직에 있다'고 말할 것인가? 당신 조직의 몇 명 정도가 스스로를 판매원이라고 생각하는가?

어떤 사람의 경우에는 판매를 대단히 잘한다. 그러나 대부분의 사람들의 경우는 그렇지 못하다. 그렇지만 대부분의 사람들은 위대한 선전가이다. 아이가 무언가를 가지고 싶어할 때를 지켜보아라.

어느 편이 따라하기 쉽겠는가, 판매 아니면 선전?

당신이 판매를 하면 중요한 것은 당신이 판매원이라는 것이다. 당신이 선전을 한다면 중요한 것은 당신이 권하는 제품의 가치일 것이다.

판매에 있어서는 판매를 하는 판매원의 능력이 중요하다. 선전에 있어서는 선전 내용이 중요하다. —선전을 하는 사람이 중요하지는 않다.

당신이 판매를 하려면 당신은 훌륭한 판매원이 되어야 한다.

당신이 선전을 하려면 당신에게 필요한 것은 당신이 이야기하고 있는 것에 대해 도취돼 있으면 된다. 예상 고객은 당신의 판매 능력을 판단하지 않는다. 그는 당신을 도취시킨 제품의 가치를 판단한다.

당신이 판매를 하는 것은 당신과 관련된 것이다. 이는 개인적인 일이다. 만약 예상 고객들이 거절을 한다면 이는 당신에게 대한 개인적인 거절이다. 왜냐하면 판매란 당신이 판매하고 있는 제품을 예상 고객들이 구매하도록 만드는 당신과 관련되어 있기 때문이다.

당신이 선전을 할 때는 예상 고객과 관련된 것이다. 이는 예상고객에게 개인적인 일이다. 그들이 거절을 할 때는 자신 스스로에게 거절을 하는 것이다. 당신에게 하는 것이 아니다.

판매에 있어서 당신은 예상 고객들이 당신에게 무언가 주기를 희망한다. 그것은 주문이다. 선전에 있어서 당신은 예상고객들이 무언가 받기를 바란다. 그것은 가치이다.

판매가 '받는 것'이라면 선전은 '주는 것'이다.

당신이 무언가를 얻기 바라는데 상대방이 거절을 한다면 기분이 어떻겠는가?

그렇다면, 당신이 상대방에게 무언가를 주려고 하는데 상대방이 그 선물을 거절한다면 당신의 기분은 어떠할 것인가? 당신은 실망할 것이다. 그러나 이는 그들의 손해이다. 그렇지 않은가?

선전은 당신이 가치를 깨닫는 순간에 시작된다. 당신에게 제품의 가치란 무엇을 의미하는가? 당신에게 기회의 진정한 가치란 무엇을 의미하는가?

스스로에게 물어보아라. 이 제품이 당신에게 무엇을 해 주었나? 당신은 이 제품을 사용함으로써 어떠한 혜택을 받았나? 이 제품들은 당신에 어떻게 도움을 주었나? 자신을 더 낫게 변화시켜 주었는가? 자신의 인생에 긍정적인 변화를 주었는가?

스스로에게 기회에 관해 질문해 보아라. 기회는 내 인생을 어떻게 더 낫고, 재미있고 열정적으로 만들었는가? 내가 배운 새로운 것은 무엇인가? 내가 개발한 새로운 기술은 무엇인가? 내 기회는 내 인생, 내 가족, 내 친구들에게 어떠한 도움을 주었는가? 나의 미래에 대한 가능성은 어떠한가?

그 다음 이것을 다른 사람들에게 이야기하라. 이것이 당신의 〈쥬라기 공원〉이다.

이번주의 판매액을 계산하는 대신 제품에 대해 몇 사람에게 이야기를 했는지를 계산해 보아라. 신규 회원 등록이 몇 명이었는지를 계산하지 말고 당신의 기회를 얼마 동안이나 열정적으로 전달했는지 계산해 보아라.

이것이야말로 진정으로 중요한 일이다.

소개 판매를 통해 돈 벌기

'소개 판매(referral marketing)' 란 사람들에게 새롭고 더 나은 물건을 소개하는 것이다. 우리들의 사업은 좋은 물건을 소매가격이 아닌 도매가격으로 회사에서 직접 구매할 수 있도록 하여 '지혜로운 소비자' 가 되는 비결을 소개하는 것이다.

누가 도매 가격으로 구입해 돈을 절약하고 싶지 않겠는가? 자동차를 도매가로 살 경우 2000달러에서 1만2000달러 이상 절약할 수 있다. 사무용품에서부터 옷, 구두에 이르기까지 무엇이든 제조업자로부터 직접 사게 되면 상당한 금액을 절약할 수 있다. 또한 집에 앉아서 편리하게 배달 받을 수 있는 이점도 있다. 이제는 가게에 들러서 쇼핑을 하지 않아도 된다. 집에 편안히 앉아서도 살 수 있으니까.

네트워크 마케팅 회사들은 실질적인 할인 혜택을 주면서 소비자들이 집에 앉아서 쇼핑하고 물품을 배달 받을 수 있는 완벽한 시스템을 제공한다. 소비자들은 이러한 모든 혜택을 디스트리뷰터로 등록함으로써 누릴 수 있다.

소비자가 이러한 혜택을 누릴 수 있는 것은 당신이 그들을 소개했기 때문이다. 또한 당신은 그들을 소개한 댓가로 회사로부터 소비자가 구매한 물품에 대해 소정의 커미션을 지급 받는다.

고객들은 시간과 돈을 절약할 수 있고 거기에다 편리함을 제공받는다. 당신도 이 과정에서 이익을 얻는다. 이것이야말로 누이좋고 매부좋은 전형적인 방식이다(여기서는 물론 회사도 이익을 얻는다. 즉 소비자—당신—회사 모두에게 이익이 된다).

지혜로운 소비자가 부담하는 비용은 맨 처음 주문시 디스트리뷰터 신청비(만약 필요하다면. ※편집자주; 국내법상으로는 신청비를 받을 수 없다)이다. 당신이 해야 할 일은 시간을 내어 소비자와 계속적으로 연락을 취하면서 소비자가 못보고 지나칠 수 있는 회사와 제품에 대한 정보를 전달하는 것이다(이때, 소비자들도 디스트리뷰터로서 당신이 받고 있는 사보, 새로운 제품 정보 그리고 다른 혜택 등에 대해 소식을 듣고 있다는 점을 기억하라).

다음 단계는 지혜로운 소비자들에게 제품을 무상으로 얻을 수 있게 해주는 일이다. 방법은 제품을 다른 사람들에게 성공적으로 소개하기. 이렇게 함으로써 소비자들을 한단계 끌어올려 사업에 참여시킬 수 있다.

이러한 단계는 실상 우리가 늘 하고 있는 일이다. ―무상으로 받은 제품에 대해서는 커미션을 지급 받을 수 없지만― 이러한 개념만으로도 현명한 고객을 디스트리뷰터로 이끌 수 있다. 특히, 그 고객이 제품을 몇 주간 또는 몇개월 동안 사용해오고 있어서 이미 관심 있는 가족이나 친구에게 충분히 '소개'한 경우에는 더욱 가능성이 크다.

여기에서부터, 조금 더 나아가, 단지 주당 몇 시간씩 사업 구축에 시간을 할애한다면 제품을 무료로 사용할 수 있는 것 이외에도 차량 유지비를 벌 수 있고 신용 카드 대금을 낼 수 있으며, 심지어는 저당금을 갚을 수 있는 방법도 알려줄 수 있다.

제품에 만족한 소비자를 '지혜로운 소비자'로 바꾸어 디스트리뷰터로 등록시키고, 도매가에 제품을 구입하게 하는 일은 쉽다. 당신은 단지 그들에게 도매가로 구입할 수 있는 방법을 알려주기만 하면 된다. 더욱이, 지혜로운 소비자들 ―당신과 성공을 공유하고 싶거나 또는 제품이 필요하고 사업 기회에 관심이 있는 몇몇 사람들―을 네트워크 마케터로 참여시키는 것은 더욱 쉽다. 그러나 당신이 이 일을 할 때 명심할 점 한가지. 당신을 부자로 만드는데는 2명에서 5명 정도의 진지한 참여자만 있으면 된다.

이제 돈을 벌 수 있는 3번째 방법을 살펴보자.

네트워크 마케팅의 진정한 의미 이해시키기

돈을 버는 방법에 대해 간략하게 살펴보았다. 이제 네트워크 마케팅에 대한 이해 부분을 얘기해 보자. 이 세번째 방법은 이 사업에서 돈을 벌 수 있는 최고의 방법이다.

네트워크 마케팅이란 성공적으로 사람들을 조직하는, 즉 조직망을 구축하는 일이다. 조직망의 구축 없이는 진정한 성공은 있을 수 없다.

이윤은 소매 판매나 소개 판매에서도 낼 수 있다. 그러나 그것은 네트워크 마케팅의 방식이 아니다. 네트워크 마케팅에서 추구하는 것은 조직망 구축이다. 조직망 구축에는 행동이 요구된다. 이제 당신은 무엇을 하겠는가? 그 답은 사실 매우 간단하다. 적절한 사람을 찾아서 그들이 절실하게 필요로 했던 것을 제안하는 것이다. 마피아의 '대부'가 말했던 것처럼 '그들이 거절할 수 없는 제안'을 하면 된다. 이런 경우에 그들이 거절할 수 없는 이유는 그 제안이 그들의 절실한 요구사항이었기 때문이다. 적절한 사람에게 그가 꼭 필요로 하는 것을 말하는 것이 성공적인 네트워크 마케팅의 핵심이다.

여기 친구인 존 포그가 쓴 글이 있다.

그들에게 선택권을

네트워크 마케팅은 단지 적절한 사람에게 적절한 것을 이야기하는 것이다.

무엇이 적절한 이야기일까?

사람들이 자신의 가치, 목표, 희망을 깨달을 수 있도록 질문하는 것이다.

네트워크 마케팅을 통해 그들이 원하는 것을 어떻게 달성할 수 있는지 답해 주는 것이다.

누가 적절한 사람인가?

이런 사람이다. — 당신의 설명을 듣고 나서는 그와 관련된 일을 하는 사람이다.

당신의 임무는 그들에게 선택권을 주는 것이다.

여기에 또 다른 문구가 있다. 나는 이 글을 네트워킹 사업을 하는 친구의 다이어리에서 보았다.

당신의 임무는 사람들에게 이것이 좋은 사업 기회라고 확신시켜 주는 것이 아니라 이러한 기회를 찾고 있는 사람, 그리고 기회를 찾고 나면, 그 기회에 참여할 사람을 찾는 것이다.

"적절한 사람들에게 적절한 이야기하기. 그들에게 선택권 주기. 사람들을 확신시켜 주는 것이 아니라 그 일을 할 사람을 찾는 것…", 당신은 이 문구들이 '소매 판매'를 기본으로 하는 사업 또는 수많은 사람들을 확신시켜 주어야 하는 힘든 사업과는 어떻게 구별되는지 이해했을 것이다.

큰 꿈을 가지고 있는 사람, 자신의 인생과 직장을 지배하기 원하는 사람 —단 페일라의 말에 따르면 ?자신의 인생을 소유하기?를 원하는 사람— 을 찾아라. 이것이 네트워크 마케팅이 추구하는 것이다.

테니스, 누구든지?

'적절한 사람' 을 찾는다는 것은 중요한 포인트인데, 많은 사람들이 이를 이해하지 못한다. 그들은 이 사업의 목표가 가능하다면 지구상의 모든 사람들을 등록시키는데 있다고 생각한다.

따라서, 모든 사람들과 얘기하는 것이 좋은 방법이며 심지어는 단순히 물건만을 사고 싶어하는 사람들에게조차 당신의 '굉장히 좋은 사업' 을 전하고 싶어한다. 그러나 기억하라. 당신은 정말로 당신의 후원을 갈구하는 사람들과 밀접하게 일해야만 된다는 사실을.

당신의 조직망과 팀 구축을 테니스 게임처럼 하라. —특히 새로운 사람들과는 더욱 그렇다. 내가 이야기하고자 하는 것은 바로 다음과 같다.

당신이 먼저 서브를 한다. 이제 그들의 차례이다. 그들이 공을 되받아 칠 때마다 당신도 공을 되받아 친다. 문자 그대로 공을 그들의 코트에 돌려놓는 것이다.

이렇게 함으로써 자동적으로 상대방이 스스로의 행동에 책임을 질 수 있도록 만들며 당신의 시간을 적극적인 선수들에게 할애하도록 만들어준다. 상대 선수가 공을 되받아 치지 않은 상태에서

공을 상대방의 네트에 연속적으로 두 번 보내서는 안된다! 이것이
게임의 룰이다.

네트워크 마케팅에서는
누가 누구를 위해 일하는가?

전통적인 사업 세계에서는 우리와 그들이 있다. 즉, 상사와
나머지 부하직원이 있다. 상사는 해야할 일이 있고(보통 자신의
상사를 위한 일이며, 이것으로 모든 상사들은 자신의 일거리를 유
지한다), 부하직원들은 그 일을 하게 된다. 해야할 일이 많으면 우
리는 많은 수의 상사와 그보다 더 많은 부하 직원을 가지게 된다.

만약 이것을 그림으로 나타내면 이렇게 보인다

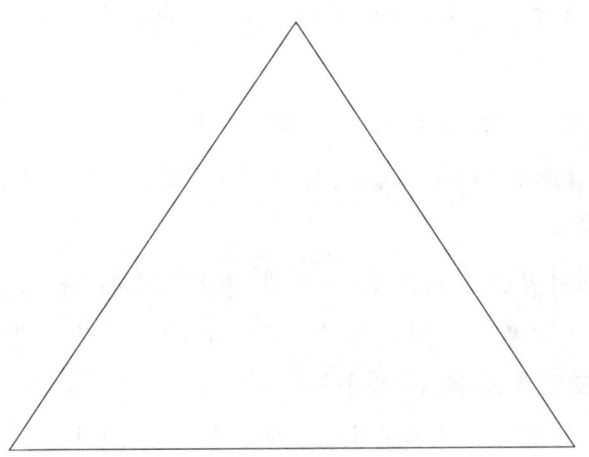

그렇다. 피라미드이다.

피라미드 구조에서 어려운 일을 도맡아 하는 것은 맨 밑의 부하직원들이다. 반면에 꼭대기의 상사들은 아랫사람에게 일을 지시한다. 그렇게 함으로써 높은 위치에 오른 이들은 많은 돈을 벌 수 있다. 누구든 전통적인 사업 형태에서는 상사를 위해 일한다.

네트워크 마케팅은 어떻게 다른가?

첫번째, 상사가 없다.

그렇지만 틀림없이 맞는 이야기라고 할 수는 없다. 당신이 상사이면서 또한 당신을 위해 일하는 계약직 직원이니까.

그러나 이것도 전적으로 맞는 이야기는 아니다. 실제로, 당신은 많은 상사들을 위해 일한다. 당신이 그들을 선택한다.

다시 말해서, 네트워크 마케팅에서 당신의 상사는 '사람'이다. 당신의 하위라인 조직의 '모든 사람들'이다.

즉, 당신은 당신의 조직망을 위해 일하고 있는 것이다.

그렇다고 500명 또는 1만명의 상사를 모시게 된다는 생각에 놀라지 말아라.

당신의 첫번째 하위라인에는 2명에서 5명의 중요 리더들이 있다. 이들이 바로 당신이 직접적으로 모셔야할 상사들이다. 당신이 모셔야할 다른 상사들은 그들의 하위라인 리더들이다.

나는 내 조직에서 자신의 사업을 적극적으로 구축하고 있는 모든 각각의 개인들을 위해 일한다고 생각하고 있다. 내 임무는 그들이 자신의 사업에서 전력을 다해 성공을 이룰 수 있도록 하는데 있다. 내가 이야기한 '전력'이란 "T.E.E.'ing off -시간, 에너지, 노력(Time, Energy and Effort)"을 말한다. 여기서 이해해야 할 가장 중요한 것은 시간, 에너지, 노력이야말로 당신이 조직에 참여시킬 사람을 찾을 때, 그들이 갖춰야 할 자질의 요건이면서 당신이 그들을 위해 일하면서 그들에게 제공할 자질이기도 하다.

시간, 에너지, 노력 —
성공을 위한 T.E.E.'ing off

당신이 다른 사람들에게 바라는 첫번째 요건은 시간이다. 네트워크 마케팅에서 성공하려면 시간이 필요하다. —시간은 우리 사업의 법화(法定通貨)다.

당신이 다른 사람들의 시간을 얻는 방법에는 두 가지가 있다. 첫번째는 당신의 제품과 관련된 것이다.

시간투자의 가치가 있는 제품

우선 그들이 제품의 가치를 이해하고 인정해야 한다. 다른 사람들에게 소개하는 제품이 충분히 그들의 마음에 들어야 한다. 제품을 좋아하면 할수록 그들은 제품을 소개하는데 시간을 더욱 적극적으로 할애할 것이다(제품을 사랑한다면 더욱 좋다).

우수한 제품이라고 하더라도 아무도 원하지 않는다면 가치가 떨어지게 된다.

품질이 우수해 높은 가치를 지닌 제품을 대신할 만한 것은 없다. 이러한 제품들은 제품 사용자의 생활을 향상시켜 준다. 이 제품이야말로 당신이 원하던 것이다. 또한 이러한 제품이라면 사람들이 시간을 투자해 제품을 사용해보도록 다른 사람들에게 권하게 될 것이다. 이러한 제품들은 네트워크 마케터들에게 끊임없이 의욕을 불어넣어 준다.

두번째로 당신이 사람들에게 제공해야할 필수 요소는 약속이다.

시간투자 가치가 있는 약속

당신이 어떤 회사와 함께 일하든, 어떤 제품이나 서비스를 판매하든, 이 사업에는 공통적인 제품이 하나 있다. 네트워크 마케팅, 바로 그 자체이다.

네트워크 마케팅에 대한 약속은 당신이 항상 꿈꾸어 왔던 인생을 창조할 것에 대한 약속이다. 사실 네트워크 마케팅은 '새로운 아메리칸 드림' 이다.

나를 위해 무언가를 하라. 그러나 더 좋은 것은 당신 자신을 위해 무언가를 하는 것이다. 바로 지금 종이를 한 장 꺼내어 상단에 '나의 이상적인 날' 이라고 제목을 붙여라.

이제, 가능한 한 당신 사고의 모든 한계를 제거해 버리자. '생각나는 것은 무엇이든' 써라. 당신이 절대적으로 원하는 이상적인 인생을 적어 보아라.

그리고 이를 구체적으로 설명해 보아라. 언제, 어떻게 일어나서, 그 다음에 무엇을 하고, 무슨 일을 하고, 무슨 놀이를 하고, 가족과 친구와는 어떻게 지내고…. 이 모든 것을 적어 보자.

당신의 인생이 백만장자의 인생처럼 보이는가? 아마 그럴 것이다. 비밀 한 가지를 알고 싶은가? 백만장자 중 이와 같은 인생을 사는 사람은 거의 없다는 것이다. 그들은 지금 가지고 있는 재산을 지키고, 더 많은 돈을 벌기 위해 정신없이 바쁘다.

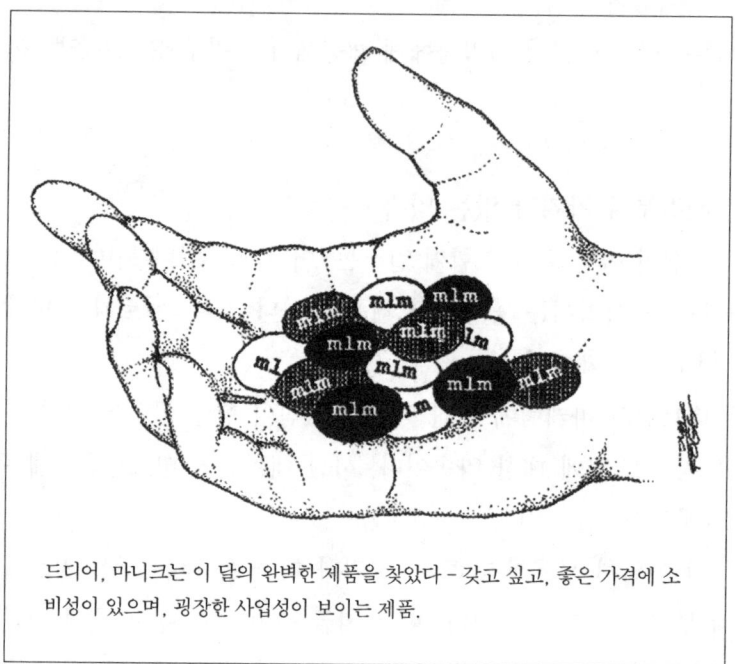

드디어, 마니크는 이 달의 완벽한 제품을 찾았다 – 갖고 싶고, 좋은 가격에 소
비성이 있으며, 굉장한 사업성이 보이는 제품.

당신은 네트워크 마케팅에서 '백만장자의 인생'을 살 수 있
다. 백만장자보다 훨씬 적은 수입으로 이러한 인생을 누릴 수 있
다. 나는 네트워크 마케팅을 부업으로 하면서 1년에 5만달러를 버
는 사람을 알고 있다. 그 사람은 문자 그대로 대부분의 백만장자보
다 더 나은 인생을 살고 있다. 백만장자보다 걱정을 덜 하고, 더
즐기며, 더 많은 자신만의 시간을 가진다. 또한 자신들이 원하는
방식으로 더 많은 시간을 보낸다.

그리고 그들은 스스로를 위해 일한다. 결코 돈 때문에 일하지

않는다. 그들의 인생이 10만달러와 같다고 상상해 보아라. 그리고 당신의 인생은 얼마짜리인가 상상해 보아라.

이제 당신은 당신과 함께 일할 사람들의 시간을 얻었다. 그 위에 더 필요한 것은 그들의 노력과 에너지다.

노력

노력은 당신이 시간을 투자하는 데서 비롯된다. '자본(금융자본)'을 많이 투자할 필요는 없지만 시간만은 투자해야 한다. 즉 일을 해야 한다. 그렇다고 스스로를 혹사시키라는 것이 아니다. 일은 지혜롭게 해야 한다. 이는 노력을 기울여 당신 스스로에게 하는 최상의 교육과 훈련이 필수적임을 의미한다.

노력은 또한 '희생'을 수반하기도 한다. 당신은 하루에 한, 두 시간 또는 매주 10시간 정도 당신의 사업을 위해 시간을 할애해야 한다. 또는 하루나 이틀 밤 정도 출장을 떠나 가족이나 친구와 떨어져 있거나 취미생활을 잠시 포기해야 할 때도 있다. 심지어, 당신이 다른 계획을 위해 모았던 돈을 써야 할 때도 있다.

따라서 네트워크 마케팅에 대한 기대가 없다면(여기에 덧붙여서 당신의 회사와 제품에 대한 기대가 없다면) 당신은 이러한 노력을 기울일 수 없을 것이다. 당신 사업에서 당신이 원하던 사람들도 노력을 기울일 수 없을 것이다.

네트워크 마케팅에서 성공하고자 한다면 시간과 노력의 '희생'이 있어야 한다. 시간과 노력에 덧붙여서 필요한 것이 에너지이다.

에너지

사전에서는 에너지를 '일을 할 수 있는 힘 또는 정력'이라고 정의하고 있다. 생명력이나 강렬함을 상징하는 이 말은 곧 행동하고 성취할 수 있는 능력을 의미한다. 즉, 일할 수 있는 능력이다.

그렇다면 이러한 에너지의 근원은 무엇인가?

내 생각으로는, 에너지의 근원은 바로 당신의 정신이다. 에너지와 정신은 동의어라고 할 수 있다. 정신은 신(神;신이 당신에게 어떠한 의미를 가지고 있는가는 관계없다)으로부터 나온다. 여기서, 재미있는 것은 '열정(enthusiasm)'이란 단어가 두 개의 그리스 단어에서 파생되었다는 것이다. '내면'을 뜻하는 enthos와 '신'을 뜻하는 theos에서 비롯되었다. 따라서 열정적인 사람은 '신의 내면'을 보여주는 것이다. 이는 바로 인간 에너지의 힘에 대한 한 단면을 시사(示唆)해 주는 것이다.

정신과 에너지는 분명 목표 추구와 관련돼 있다. 그러나, 당신이 가능한 한 최대의 에너지 근원을 캐고 싶다면 열쇠는 가장 큰 목표를 조사하는 것이다. 그리고 그 목표는 항상 다른 사람들에게 봉사하는 것과 관련돼 있어야 한다.

현실적으로 거부감이나 제한을 받지 않는, 순수하고 강력한 에너지는 타인에게 봉사하려는 당신의 의지로부터 나온다. 그러면 당신이 다른 사람들의 자유, 창의력, 개인적 - 직업적 성장과 발전—다시 말하자면, 그들의 성공을 위해 힘쓰는 것 이상으로 그들에게 봉사할 수 있는 더 좋은 방법은 무엇인가?

또한 이러한 당신의 의지를 표현하고 이를 실천으로 옮기기 위한 수단으로 네트워크 마케팅보다 더 좋은 방법은 무엇인가? 그것은 찾아보기 힘들 것이다.

당신의 첫걸음

만약 다운들의 시간, 노력, 에너지를 원한다면 당신은 다운라인이 거의 즉각적으로 결과를 창출할 수 있도록 도와주어야 한다. 만약 그들이 자신의 시간을 바쳐서 노력을 기울일 의지가 있다면 그들의 시간과 노력을 이끌어서 그들을 위한 결과를 생산해 내는 것은 당신에게 달려 있다. 또한 이는 시의적절하게 이루어져야 한다.

이 사업을 통해 부자가 되길 원하는 것은 좋은 목표이다. 다른 사람을 부자 —삶의 모든 면을 망라한 진정한 의미의 '인생의 부(富)' — 로 만들기 원하는 것은 훨씬 크고 더욱 강력한 목표이다. 이는 사람들에게 위대한 성공을 이룰 수 있도록 능력을 부여하는 목표이다.

당신에게 이런 능력을 부여한다면 어떻게 하겠는가?

사람들에게 능력을 부여하는 일은 중요하다. 내가 당신에게 다운들을 위해 일하라고 하는 것도 이 때문이다. 당신의 네트워크에 성공한 사람들이 많으면 많을수록 당신은 더욱 성공하게 된다.

이제 여기서, 다른 사람들에게 능력을 부여하기 위해 당신이 필요하게 될 가장 중요한 방법중의 하나를 생각해 보자. 이는 사람들이 거절을 처리할 수 있는 방법을 배우도록 도와주는 것이다.

거절 이해하기 —
다른 사람들의 이야기에 귀를 기울여라

대부분의 사람들은 다른 사람들의 이야기에 귀를 기울이지 않는다. 사람들은 어떻게 대답하고, 무엇이라고 말해서 다른 사람들이 자신의 이야기에 동의하도록 만들 것인가를 궁리하느라 바쁘다.

만약 내가 당신의 손을 얼굴 앞에 내밀도록 한 다음, 당신의 손을 밀면, 당신은 되받아 밀 것이다. 대화에 있어서도 다른 사람들은 이와 같은 방식으로 반응한다. '밀어내기' 식 대화는 이 사업에서 만나는 사람들에게 '거부감'을 느끼게 할 수 있다.

이 사업은 '도의적으로 가장 옳은 것을 얘기하는 사업'이라는 것을 기억하라. 만약 다른 사람이 당신에게 이야기를 하고 있는 동안 당신은 앉아서 당신 차례가 되었을 때 무엇이라고 이야기할까 궁리하고 있다면 당신은 분명 틀린 답변을 하게 될 것이다.

올바른 이야기를 하는 열쇠는 상대방에게 적합하고 정확한 답변을 해주는 것이다. 그러기 위해서는 경청해야 한다. 당신이 진정으로 다른 사람들의 이야기에 귀기울이면 소위 '거부감'의 95%는 사라지게 된다.

당신은 유명한 이 말을 들어보았을 것이다.

사람들은 당신이 얼마나 자신에게 관심이 있는가를 알기 전까지는 당신이 얼마나 많이 알고 있는가에 대해서는 관심이 없다.

사실이다. 사람들은 당신이 자기에게 열정을 갖고 있다고 느낄 때 —당신이 주의 깊게 이야기를 듣고 있다면 그들은 그렇게 느낀다— 그들은 당신이 하게 될 이야기에 마음을 열게 된다.

위의 인용한 글은 사람들에게 선택권을 주는 것에 대한 것이다. 당신이 관심을 가지고 이야기에 귀를 기울여야만 사람들은 자유로운 선택을 하게 된다. 또한 당신은 상대방이 '적절한 사람'인지 아닌지를 판단할 수 있다. 당신이 아닌 본인들 스스로가 선택할 수 있도록 하라.

이 사업에서는 가장 자주 부딪치게 되는 세가지 기본 거절 사항이 있다. 첫번째부터 살펴보자.

"피라미드 아닙니까?"

정말로 묻고 있는 것은 무엇일까? 그렇다. 그들은 당신의 회사와 사업 기회가 합법적인가를 알고 싶은 것이다(그러한가?). 그러나 그들이 정말로 알고 싶은 것은 바로 이것이다.

"내 돈을 빼앗아 가려는 것 아니오?"

이런 질문에 대한 내 답변은 질문으로 시작된다.

"밥, 당신의 초·중·고·대학 시절을 통틀어 당신의 선생님과 교수님 모두가 당신을 가르친 대가로 당신이 평생동안 번 돈의 1%씩을 각각 가져간다면 당신은 더 훌륭하고 유용한 교육을 받았을 것이라고 생각합니까?"

나는 그들에게 이 사업에서 내가 돈을 벌 수 있는 유일한 길은 그들을 성공하도록 도와주는 길 뿐이라고 이야기한다.

그러면 누가 이 말에 이의를 제기하겠는가?

첫번째 거절은 처리되었다. 다음!

"참여할 시간이 없어요"

좋다. 나는 시간을 어떻게 하면 더 많이 가질 수 있는지 알려주고 싶다.

네트워크 마케팅에 참여하기 전에는 나도 시간이 없었다. 그 당시에는 깨닫지 못했지만, 시간은 내가 가장 원하는 것이었다. 돈보다도, 또 어떤 성공보다도 더 간절히 원했던 것이다. 가족과 함께 보낼 시간, 야구를 할 수 있는 시간, 여행을 하고 친구들과 함께 할 시간 등등.

시간이 없다는 분들의 말을 나는 정말로 이해한다. 따라서 내가 지금 제시하는 것도 시간문제이다. 네트워크 마케팅 사업에서 번 돈이 내게 선사한 것중 가장 중요한 것이 무엇인지 아는가? 시간이다. 그것도 질 높은 시간이다. 이 사업은 정확하게 말해서 더 많은 시간을 만들어 준다.

이 사업의 성공을 위한 공통 요소는 시간이다. 특히 다른 사람들의 시간이다. 당신과 당신이 이 사업을 소개한 모든 사람들에게, 다른 사람의 시간은 이윤과 직결된다.

사람들에게 다른 사람들과 함께 일하면서 그들의 시간을 활용하여 지혜롭게 일하는 방법을 소개하여라. 그럼으로써 그들은 인생에서 더 많은 시간을 만들어 낼 수 있다. 제이 폴 게티가 한 훌륭한 말이 있다.

"나는 나의 노력 100% 보다는 100명의 각각 1% 노력을 택하겠다"

사람들에게 지렛대의 원리를 설명해라. 사람들은 아마도 돈, 부동산이나 은행업에서 지렛대가 어떻게 작용하는지 알고 있을 것이다. 그러나 지렛대가 다른 사람들을 통해 그들의 시간, 에너지, 노력에 어떻게 작용하는지는 알고 있지 못할 수 있다. 그들에게 네트워크 마케팅을 통해 지렛대가 어떻게 가능한가를 설명해라.

만약 그들이 원하는 시간이 정말로 없다면 더더욱 그들은 당신이 제시하는 것을 검토해 보아야 한다.

다음.

"사업할 돈이 없어요"

때때로, 사람들은 돈에 대해 이미 이야기를 하면서 다음과 같이 덧붙일 것이다.

"…그런데 이 제품들은 왜 이렇게 비쌉니까?"

"돈이 충분하지 않아요"라는 이야기를 들으면 나는 즉각 이렇게 대답한다.

"시작할 때는 비용이 거의 들지 않습니다. 키트 하나와 제품 한, 두 개의 가격이 얼마나 되겠습니까? 많지 않습니다"

정직하게 말해서, 네트워크 마케팅에서 성공한 사람들 중 몇몇은 친구에게 100달러를 빌어서 시작한 경우도 있다.

그러나, 파산한 모든 사람들을 네트워크 마케팅으로 구제하려고 하지 마라. 나는 완전히 파산한 사람들은 반드시 파산하게 된 한 가지 구실이 있다는 것을 알고 있다. 파산한 순간의 사람들을 만났을 때 당신은 그들 눈에 불똥이 튀는 것을 발견할 수도 있다. 그들이 다른 '파산자'와 다른 점은 만약 무일푼이라고 해도 사업 시작에 필요한 소자본을 어떻게 해서든지 구해올 것이라는 점이다.

또한 곳곳에 물건을 내놓고 도움을 원치 않는 사람들을 도우려고 애쓰지 마라. 이것은 당신이 힘들여 벌은 수천달러를 아무런 성과 없이 날려버리면서 마음을 아프게 하고 주머니 사정만 악화시킬 따름이다.

"사업을 시작할 충분한 돈이 없어요"라고 하는 것은 네트워크 마케팅에서는 모순된 이야기이다. 이 사업의 진정한 아름다움 중의 하나는 돈이 "필요 없다"는 것이다.

네트워크 마케팅이 아닌 그 어느 사업에서 평범한 사람이 몇 백달러를 투자하여 성공적인 기업의 사장이 벌어들이는 만큼의 수입을 벌 수 있겠는가? 체인점을 여는 비용은 평균적으로 8만5000달러가 든다. 그렇다면 소규모의 사업을 시작하는데는 얼마의 비용이 필요할까? 당신이 네트워크 마케팅 사업을 시작하는데 드는 비용보다 적은 돈으로 다른 사업을 시작할 수는 없을 것이다.

그러나, 이 모든 이야기를 듣고도, 상대방이 여전히 돈이 없다고 한다면 어떻게 할 것인가? 당신이 사람을 잘못 찾은 것이다.

다음 사람을 찾아라.

'제품이 비싸다'고 할 경우에는 어떻게 할 것인가? 제품의 가치에 초점을 맞추어라. 제품의 가치는 제품을 사용하면서 얻는 혜택과 결과에서 비롯된다.

이 제품을 사용해 보십시오. 만약 당신이 이 제품들에 충분히 만족하지 못해 29일 안에 반품하시면 돈을 환불받으실 수 있습니다.

답은 매우 간단하다.

만약 당신이 당신의 제품에 확신을 갖고 있다면, 만약 당신이 진심으로 열의를 갖고 사람들에게 제품을 보여주고 설명할 수 있다면, —자신 스스로를 표본으로 사용해— 이 제품들이 얼마나 우수한가를 이야기할 수 있다면 그들은 제품의 가치를 이해하게 될 것이다. 이때 이 두 개의 '만약'을 자세히 살펴보라. 당신에게 이 '만약'은 만약이 아니다. 이는 확실한 사실임을 반드시 확인하라.

즉, 당신이 600파운드의 몸무게가 나가면서 사람들에게 다이어트 제품을 팔려고 한다면 사람들이 제품에 대해 흥미를 잃어버리게 될 것이라는 것을 각오해야 할 것이다. 만약 당신이 주말마다 도박판을 들락거리는 사람처럼 보이면서 당신의 인생을 바꾸어준 건강보조제품이라고 주장해 보았자 이 제품의 가치를 사람들이 인정할 것이라고 기대하지 말아라(그들의 목표가 당신과 함께 도박하러 가는 것이 아닌 이상 기대할 수 없는 일이다).

또한, 네트워크 마케팅의 대부분 제품들은 가게에서 살 수 없는 특수한 제품들임을 이해시켜라. 이들 제품의 고품질은 높은 가격을 보아도 알 수 있다. 개인 대 개인의 제품 교육 없이는 ―이들 제품들은 일반 소매점에서는 구입할 수 없는 것들이다― 사람들은 제품의 높은 가치를 이해하지 못할 것이며 따라서 이들 제품들을 팔려고 하지 않을 것이다. 이러한 이유 때문에 회사는 우선적으로 네트워크 마케팅을 통하는 방법을 선택하는 것이다.

그렇다고 해도 네트워크 마케팅 제품 중에 너무 비싼 제품은 없는가? 그 돈만큼의 가치가 없는가? 제품의 가치가 떨어지는가? 그렇다, 만약 당신이 그런 제품을 가지고 있다면 다른 사업기회를 찾아라. 왜냐하면 불량, 또는 저질이거나 가치가 없는 제품을 보상할 방도는 없기 때문이다.

이제 당신이 올바른 가치를 지니고 있는 올바른 제품을 찾았다고 생각되면, 당신은 제품에 확신을 가지고 있어야 한다. '제품이 비싸다' 라는 구실을 당신 앞에 내놓지 않게 하라. 어떤 사람들은 한 가지 이유 때문에 파산을 하는 것과 마찬가지로 어떤 사람들은 더 가치 있는 제품에 더 많은 돈을 쓰는 것에 대해 별반 중요성을 인식하지 못하는 사람이 있다. 이러한 이유로 롤렉스 시계가 있는가 하면 유사한 이름의 타임멕스 시계가 있는 것이다.

이러한 성향을 바꾸기는 어렵다. 특히 당신이 각각의 사람들과 일일이 만나야 하는 짧은 시간동안에는 더욱 어렵다.

이러한 문제를 처리하는 유일한 방법은 내 제품 가치에 초점을 맞추는 것이다. 만약 당신이 우수한 품질과 훌륭한 가치를 인정한다면 이들 제품들을 손쉬우면서도 저렴한 가격에 구입할 수 있는 방법에 관심이 있는가?

물론, 그렇게 할 수 있는 방법은 '지혜로운 소비자'를 만드는 것이다. ―디스트리뷰터로 등록해 도매가격에 구입할 수 있다― 그리고 나서 제품에 대한 칭찬을 가족과 친구들에게 퍼뜨리는 것이다.

그리고 다시, 적절한 사람을 찾아 나선다.

"전에 이 사업을 해보았습니다"

이 사업에서 부딪치게 될 또 하나의 거절은 "나도 전에는 네트워크 마케팅 사업을 했었습니다만 좋지 못했습니다. 사실상 나는 이 사업에 진절머리가 났으니 제발 가주세요"라고 하는 것이다. 이러한 거절은 초보자에게는 특히나 매우 버겁다.

나는 이러한 거절을 다음과 같이 처리했다.

우선, 그들이 과거 경험에서 배운 것을 설명해 달라고 부탁하는 것이다. 이 작업이 먼저 선행되어야 한다. 그들의 이야기를 먼저 듣지 않고서는 그들의 '거부감'을 이해할 길이 없다.

자, 당신이 처음에 듣게 될 이야기의 많은 부분은 부정적일 것이다. 그러나 이야기를 계속 들으면서 더 깊이 조사하고 이것 저것에 대해 더 많이 질문을 하다보면 당신은 곧 그들이 실제로 얼마나 많이 배웠는가를 지적할 수 있게 될 것이다. 당신이 이 점을 발견하고 나면 그들이 이번에는 올바르게 사업을 할 수 있는 위치에 있음을 설명해 줄 수 있다. 당신은 그들에게 필요한 것은 올바른 사업 수단과 올바른 회사라고 설명할 수 있다.

'시스템이 해결책이다' 라고 말한 AT&T 광고가 있다. 이 말은 이 사업에도 꼭 들어맞는 말이다. "전에도 이 사업을 했지만 성공하지 못했다"라고 거절하는 사람들에게 당신의 회사 —그리고 당신의 시스템— 는 어떻게 다른가를 설명해 주어라.

과거에 사업을 하다 그만 둔 경우에는 보통 과거의 회사 또는 후원자가 약했기 때문이다. 이런 경우에는 그들에게 당신과 당신의 회사가 어떻게 다르며 이번의 기회는 어떻게 다르고 당신으로부터 지속적인 지원과 개인적인 관심, 후원이 있을 것이라고 설명하라. 그러면 당신은 그들을 얻게 될 것이다.

적절한 접근 방식으로는 "내가 당신에게 방법을 설명할 수 있었더라면"이라고 말을 시작해 여기에 그들이 과거 네트워킹에서 부족했던 부분을 당신이 어떻게 채워줄 것인가를 덧붙이고 "저와 함께 기회를 검토해 보시겠습니까?"라고 끝을 맺어라.

만약 대답이 '예' 라면 앞으로 계속 진행하면 된다.

만약 대답이 '아니오' 라면 시간을 내주어서 고맙다고 인사하고 그들이 마음이 바뀌었을 때 당신이 다시 한번 그들에게 연락을 해도 괜찮겠느냐고 물어보아라.

이 두가지 방법 모두 당신은 최선을 다한 것이다. 이제는 다음 단계로 넘어가면 된다.

"이 사업은 당신에게 맞습니까?"

신규 디스트리뷰터를 당황케 하는 질문이 있다. "당신은 이 사업에서 얼마나 성공하셨습니까?"

이런 질문을 받게되면 모든 신규 디스트리뷰터의 공통적인 반응은 얼굴이 벌개졌다가 창백해지는 것이다. 숨을 헐떡이며 기어 들어가는 목소리로 첫번째 수당은 12달러38센트였다고 말한다. 그리고 나서 도망가듯이 문 쪽으로 향한다. 그러나 그럴 필요가 없다.

이렇게 하라.

"카터씨, 저는 이제 막 이 사업을 시작했습니다. 저의 후원자는, 찰스 에메랄드로 저를 교육했고 지난 달 그(그녀)의 수입은 $_____였습니다. 그(그녀)는 수십명의 사람들에게 그들이 항상 원해오던 수입을 벌 수 있는 방법을 소개하고 있습니다. 저는 다음으로 저의 후원자와 같은 사람이 될 것입니다. 당신도 저와 함께 이 사업을 해보시지 않으시겠습니까?"

만약 당신의 후원자도 신규 가입자라면 계속 상위라인으로 올라가서 당신이 예로서 보여줄 수 있는 성공적인 네트워커를 찾아라. 그리고 그 또는 그녀가 당신을 어떻게 교육했는지, 당신과 어떻게 일했는지를 함께 설명하라.

당신은 스스로가 판매되고 있는 제품임을 명심하라. '당신' 이란 의미에는 당신의 후원자, 상위라인도 포함되어 있다. 그들은 당신을 구성하는 패키지의 일부이며 이렇게 이야기하는 것을 어색해 하지 말라.

적절한 인물

네트워크 마케팅 사업에 있어 당신은 아무것도 없는 상태에서 빵을 만들려고 나와 있는 것이 아니다. 즉 아무런 가능성이 없는데서 사람들에게 신념을 심어주고 관심과 열정을 불어넣어 주고자 나와 있는 것이 아니다. 인생이란 악전고투를 치르지 않더라도, 해야할 일에 짐을 더하지 않더라도 인생 그 자체만으로도 충분히 살아가기 어렵다.

이 때문에 우리는 이 사업을 '골라내기' 사업이라고 부른다. 당신은 씨앗을 심고, 새싹을 보고, 그 중에서 골라낸다. 그럼으로써 당신은 당신과 함께 일하기 원하는 사람들과 더불어 성공 가도를 달려갈 수 있다.

당신이 성공할 수 있는 사업을 구축하는데는 4, 5명의 사람만 있으면 된다는 사실을 명심하라. 따라서 당신이 알고 있거나 만난 사람들 중에 당신에게 참여해 돈을 벌고 즐거운 시간을 누릴 수 있는 사람을 골라내라.

적절한 인물에게 특별한 배경이 필요치 않다. 나이, 성별, 인종, 피부색, 종교, 교육, 경험, 가족, 사업 배경 등은 네트워크 마케팅에서는 전혀 문제되지 않는다. 당신이 찾아야할 사람은 당신을 찾고 있는 사람이다.

당신은 자신만의 인생을 누리기 원하는 사람을 찾고 있다.

당신은 당신이 하는 것과 같은 방식으로 사업을 구축하기 원하는 사람을 찾고 있는 것이다.

당신은 적절한 인물을 찾고 있는 것이다.

누군가 열정을 가지고 있다면 — 그 또는 그녀는 '적절한 인물' 이다.

"사람들에게 필요한 것은 열정이라는 뜻입니까?"

그렇다.

"열정을 가진 사람들은 성공할 수 있습니까?"

아니다. 요즘, 네트워크 마케팅에서의 성공은 그들이 어떻게 출발했는가에 달려 있다. 따라서 다음 장에서 출발에 대해 이야기해 보자.

CHAPTER EIGHT

출발하기

앞에서 이야기했듯, 이 사업에서는 즉각적으로 결과를 얻는 것이 매우 중요하다. 당신이나 당신의 그룹원들이 현실적이고 가시적인 결과 없이 얼마동안이나 시간과 에너지, 노력을 이 사업에 계속해서 쏟아 부을 수 있을까? 대답은 '그리 길지 않다' 는 것이다.

짐 론은 이런 질문을 한다.

"당신은 당신의 자녀가 1학년이 되기를 얼마동안 원했습니까?"

똑같은 질문이 이 사업에서도 적용된다. 네트워크 마케팅에서 성공을 거둘 수 있는 중요한 열쇠는 사람들이 즉각적인 결과를 얻을 수 있도록 장치해 놓는 것이다.

파워라인 시스템의 사장이자 창립자인 데이브 클레이보어는 다음과 같이 말한다.

"우선 당신은 모범생이 되기를 원한다. 그리고 나서 훌륭한 학생이 된다. 그 다음 좋은 선생님이 되기를 바란다. —그리고 나서 당신은 훌륭한 선생님이 된다"

첫 성과를 얻기 위한 첫 단계는 처음 시작할 때 사람들과 이야기 나누는 방법을 배우는 것이다. 더욱 중요한 것은 어떤 사람들과 이야기를 나눌 것인가를 배우는 것이다.

당신이 이 사업을 하면서 이야기를 나누게 될 사람들은 기본적으로 4가지 범주에 속한다.

1) 당신이 알고 있는 사람들로 이미 네트워크 마케팅에 대해 인식을 하고 있는 사람들이다.

2) 당신이 알고 있는 사람들로 네트워크 마케팅에 대해서 인식을 하지 못하고 있는 사람들이다.

3) 당신이 모르고 있는 사람들로 이미 네트워크 마케팅에 대해 인식을 하고 있는 사람들이다.

4) 당신이 모르고 있는 사람들로 네트워크 마케팅에 대해서 인식을 하지 못하고 있는 사람들이다.

이제 당신은 이 4가지 범주에 속한 모든 사람들과 이야기를 나누게 될 것이므로, 각각의 경우에 있어 어떻게 접근 방식을 택할 것인가에 대해 살펴보기로 하자.

그러나 우선 자기 스스로에게 이 질문을 해 보아라. 당신이 처음 이 사업을 시작할 때 당신은 당신의 친구와 함께 시작하기를 원했는가? —아니면 당신이 모르는 사람들과 시작하기를 원했는가?

"당신은 누구를 부를 것인가?"

대부분 무슨 이유든 간에, 자신의 친구와 먼저 시작하고 싶어 하지 않는다. '위험 부담'이 너무 크기 때문이다. 나는 이러한 생각을 하는 사람에게 금광을 상상해 보는 방법을 사용한다.

당신이 방금 금광을 발견했다고 가정해 보자. 그것도 바로 당신 집 뒤뜰에서. 이 금광에는 정말로 수백만 달러 어치의 금이 묻혀 있다.

이 금광에는 10년을 캐내도 남을 만큼 많은 금이 묻혀 있다. 분명, 사방에 충분한 금이 묻혀있는 것이다. 그렇다면…

당신은 누구와 이 금을 나누고 싶은가? 당신의 친구, 아니면 당신이 모르는 사람?

자, 만약 당신이 이 금광의 금 매장량이 풍부하다는 것을 확신한다면 당신은 먼저 당신의 가족, 친구들과 함께 부를 나누고 싶어할 것이다. 이는 당연한 일이다. 그러나 흙더미에 묻혀있는 것이 금인지 확신하지 못한다면…. 금이 얼마나 많이 묻혀있는지 의심스럽다면 당신은 어쩌면 모르는 사람과 먼저 금광 채굴을 시작하고 싶어할지도 모른다. —그렇게 함으로써 당신의 친구에게 위험 부담이 돌아가기 전에 확인해 볼 수 있다. 즉, 당신은 당신 친구를 실망시키고 싶지 않은 것이다. 그렇지 않은가? 또한, 친구들에게 어리석게 보이고 싶지 않기 때문이기도 하다.

남에게 잘 보이기

이것은 인간의 본성이다. 모든 사람들은 타인의 눈에 나쁘게 비춰지는 것을 무척이나 싫어한다. 특히 자신이 존경하는 사람일 경우에는 더욱 그렇다.   또한 당연히, 전혀 모르는 낯선 사람보다는 자신의 가족과 친한 친구의 의견을 더욱 높게 생각한다.

당신도 알다시피, 당신의 친구는 '마음'이라는 지갑 속에 당신의 사진을 가지고 다닌다―물론 있는 그대로. 이 사진은 〈도리안 그레이의 사진〉이라는 책에 나와 있는 사진과 같다. 점점 시간이 흐를수록 추해진다. 이 사진은 당신이 저질렀던 실수, 어리석은 행동, 당신의 단점, 약점들로 뒤덮여 있다.

당신의 친구들이 이런 모든 면을 보고서도 당신을 성공적인 사업가로 여기기는 어렵다.

그렇다면 당신은 어떻게 할 것인가? 내가 권하고 싶은 것은 '도구의 이용'이다. ― 그리고 당신은 당신답게 행동하라.

그러면, 도구는 어떤 작용을 하는가? 도구들은 당신을 멋지게 보이게 한다. 즉 '전문가' 답게 보이게 한다. 멋진 인상을 만들어주고 당신에게 필요한 모든 정보를 제공한다. 이때 당신이 해야할 일은 그들에게 도구를 소개해 주는 친구가 되는 것이다. 다시 말해서 당신의 임무는 관계를 형성하는 것이다.

다시 이야기 하지만, 이용할 것은 상위라인과 도구들이다. 훌륭하고 전문적인 비디오는 ―당신에 대한 사람들의 생각에― 멋지게 효력을 발휘한다. 활동적이고 세심한 당신의 후원자와 함께 3자 전화통화를 하는 것은 더욱 효과적이다. 특히 당신의 후원자가 당신의 성공 방식을 더욱 낫게 변화시켜 주었다면 효과는 더욱 강력하다.

따라서, 도리안 그레이 사진을 걱정하지 말아라. 당신의 성공적인 네트워크 마케팅 경력은 지금까지의 당신 모습에 변화를 가져올 것이다.

당신의 친구에게 오늘, 기회를 주어라

새로 시작한 디스트리뷰터들이 친지들에게 네트워크 사업 기회의 소개를 꺼리는 것은 그들이 이 황금 기회를 의심하고 있기 때문이라고 생각한다.

그들은 안전하게 먼저 낯선 사람을 택한다. 만약 수십명의 낯선 사람들이 등록을 하고 당장 성공적으로 사업을 시작한다면, 이는 매우 바람직한 일이다. 그리고 나면 이제, 친구들에게 소개할 차례가 된다.

그러나 이러한 방식은 당신의 친구들에게 해를 끼치는 것이다.

여기, 제임스 톨레슨의 통계 자료 중 일부를 소개한다.

당신 혼자의 수입이 당신의 가장 친한 친구 10명의 평균 소득과 맞먹는다.

이 사실은 놀랍지 않은가! 당신은 이제 새로 사귄 친구들과 기존의 친한 친구들에게 더 많은 돈을 벌 수 있도록 도와줌으로써 당신의 수입도 늘릴 수 있다. 이는 정말 멋진 방법이 아닌가.

만약 우리 사업이 —이는 당신의 사업이기도 하다— 새롭고 더 나은 생활을 가져올 수 있다고 확신한다면 당신이 알고 있는 사람, 당신이 좋아하고 사랑하는 사람에게 먼저 알려주어라.

다시 말하지만, 도구를 이용하라. 당신의 임무는 당신의 친구들이 당신이 보내준 도구들을 살펴보도록 장치해 놓는 것이다. 당신은 이 일만 하면 된다.

이제부터는 걸러내기 과정이다. 당신의 친구들이 네트워크 마케팅에 대해 폭넓게 이해를 하고 있다면 그들은 좀더 알고 싶어할 것이다. 그러나 만약 네트워크 마케팅에 대한 이해가 없다면 존 카렌치가 말한 것처럼 "SW, SW, SW—N!"이 될 것이다. 즉, "어떤 경우는 알고 싶어할 것이고, 어떤 경우는 원하지 않을 것이다. 그러면 어찌되겠는가?—다음 기회에!(Some Will, Some Won't. So What?—Next!)"

나는 존의 이 말에 한마디를 바꾸고 싶다. 즉, 다음(Next)을 의미하는 N 대신에 '지금은 아니다(Not Now)'라는 의미의 'N.N.'을 덧붙이고 싶다. 내 생각에는 현재 'No'라고 말하는 사람은—현재의 입장이 그렇다는 것이다. 다음 주나, 다음 달, 석달 안에 다시 그 사람에게 연락을 하라. 세상의 모든 것은 변하는 법이다. 당신의 사업 기회에 대한 사람들의 의견이나 생각 또한 변한다. 이것이 버트윈의 법칙이다.

절대로 기회의 문을 닫지 말아라.

목표: 단지 그들이 살펴볼 수 있도록 해주어라

오랜 경력의 세일즈맨이 말한 금언이 있다(나도 이제는 오랜 경력의 세일즈맨이므로 이 말을 이용한다). "20—12—2". 20통의 판촉 전화 중에 12명으로부터 (검토해 보겠다는) 약속을 받아 내고 평균 2건 정도 판매를 할 수 있다. 당신이 더 많은 사람들에게 이야기를 하면 할수록 더 많은 사람들이 검토를 할 것이고 더 많은 사람들이 참여하게 될 것이다.

만약 전화번호부에서 모르는 사람들의 전화번호를 찾아내어 그들에게 이 사업기회를 검토해 보라고 권한다면 몇 명이나 검토해 보겠는가?

만약 당신이 가족이나 친구에게 전화해 당신의 사업기회를 검토해 보라고 권한다면 몇 명이나 검토해 보겠는가?

빠른 성과를 기대한다면 당신이 이미 알고 있는 사람들에게 먼저 연락하라. 단지, 검토해 볼 것을 권한다.

이 사람들에게 가장 효과적으로 소개하는 방법으로 다음과 같은 것이 있다.

"짐, 자네도 알다시피, 나는 최근에 내 생활방식을 개선할 수 있는 대책을 찾고 있었네. 좀더 효과적인 인생을 살고 싶었지. 내가 하고 싶은 일을 할 수 있도록 더 많은 자유와 시간, 그리고 더 많은 돈을 원했네.

그간 연구를 해서 얻은 결론은 네트워크 마케팅이야말로 내게 최상의 기회라는 것이었네"

"자네 알고 있나, 짐? 내가 이 사업을 시작하면서 직면했던 가장 큰 문제는 사람들이 이 사업에 대해서 고정관념을 가지고 있다는 거야. 나는 이 사업이 내게 주는 이점이 매우 많다는 것을 알았네. 그리고 이 사업은 자네에게도 효과적일 수 있다고 생각하네. 내가 네트워크 마케팅에 대한 자료들을 보내주면 검토해 보겠나?"

가족과 친구들에게 성공적으로 소개할 수 있는 방법은 "여기에 대해서 어떻게 생각하나?"라고 묻는 방식이다.

사람들은 전문가가 되는 것을 좋아한다. 따라서, 그 점을 이용하라.

"안녕, 마리. 나는 새 사업을 시작했어. 이 사업은 정말로 멋져. 그동안 찾고 있던 기회야. 나는 네 의견을 존중하잖아. 이 사업이 네게도 맞을지 모르겠지만 네가 이 사업에 대해서 어떻게 생각하는지 알고싶어. 이 자료들(비디오, 브로슈어, 테이프, 샘플 등등)은 우리 회사와 제품들에 관한 것인데 검토해 보고 네 의견을 말해줄 수 있겠니?"

내가 바라는 것 —당신에게 권하고 싶은 것— 은 사람들에게 '검토해 보겠다는 약속'을 받는 것이다. 그것이 당신이 해야할 일이다.

당신의 임무는 '그들을 사업에 참여시키는 것'이 아니다. 그것은 그들의 몫이다. 당신은 그들이 검토해 보도록 하기만 하면 된다.

사업 기회의 매력, 제품의 가치, 당신의 열정, 그리고 이 사업 기회를 통해 자신이 원하던 생활 방식을 창조하고자 하는 그들의 능력, 이 모든 것은 그들이 검토해야만 효력을 발휘하게 된다. 당신은 이 과정에서 그들이 최상의 도구를 가지고 당신의 흥분과 열정을 공유할 수 있도록 도와줄 수 있다. 그러나 이 모든 것은 그들의 선택에 달려있다.

이미지 메이킹

당신이 친한 사람들에게 먼저 소개하는 것이 합리적인 또 한 가지의 이유는 '이미지 만들기' 때문이다.

당신이 판매에 초점을 맞추면 "이 사업은 '판매사업'이라는 인상을 줄 수 있다"고 얘기한 것을 명심하라. 당신이 이미 알고 있는 사람들에게 연락을 하면, 사람들에게 주는 인상은 "당신의 사업 방식은 당신의 친구들을 상대로 한다"는 것이다.

당신이 낯선 사람들에게 연락을 취하면 "이는 낯선 사람들을 상대로 하는 사업"이라는 인상을 준다. 당신이 알고 있는 사람 중에 몇 명이나 매일같이 낯선 사람들을 상대로 하는 사업 —판매 전문 용어로 "임의적 판매"— 에 뛰어들겠는가?

그리 많지 않을 것으로 생각하는 것이 상식적인 판단이다.

당신이 낯선 사람들을 상대로 사업을 할 수 있다면 좋은 일이
다. ─이 부분에 대해서는 잠시 뒤에 이야기하자─ 그러나 전체적
으로 훨씬 쉬운 것은, 특히 당신이 처음 시작하는 경우라면, 사람
들에게 "이 사업은 당신의 친구에게 이 사업을 검토해 보도록 권
유하는 사업"이라는 인상을 심어주는 것이다.

내 설명을 이해하겠는가?

당신은 우정도 지킬 수 있다

우정이란 귀중하다. 우정을 해치는 일은 하고 싶지 않은 것은
인지상정이다. 당신이 네트워크 마케팅 사업을 구축하면서 우정을
지킬 수 있는 열쇠가 있다.

*당신의 사업 기회는 당신의 친구와 함께 나눌 수 있는 선물
이라는 것을 기억하라.*

만약 당신이 이렇게 생각한다면, 그리고 다른 사람에게도 이
런 방식으로 제안한다면 당신의 우정은 다칠 위험이 거의 없다. 그
러나 혹시라도 그런 일이 일어났다면 ─우정에 금이 갔다면─ 나
는 그 우정이 솔직하면서 서로에게 도움을 주는 관계인지 의심을
할 수밖에 없다.

약 1년 전에 리타 스미스라는 여자가 〈토론토 스타지〉에 네트
워크 마케팅에 대해 공격을 하는 글을 썼다. 그 글의 제목은 "물건
을 행상하고 다니는 사랑하는 사람을 경계하라"였다. 나는 이 글

을 보고 나서 존 포그에게 보내주었다.

그녀는 네트워커들이 제품과 사업 기회를 가지고 친구와 가족들에게 접근하는 것은 '부당한 일'이라고 주장했다. 나는 그녀가 네트워크 마케팅을 '비열한 사업'으로 지칭한 것으로 생각한다. 어찌 되었건 좋다. 포그는 그녀에게 답장을 보냈다.

다음은 그가 쓴 답장의 일부이다.

"...만약 당신이 일반적인 사업을 시작했는데 당신의 첫번째 고객이 친구나 가족이 되지 않는 경우가 있다면 말씀해 보십시오. 이는 매우 당연한 일입니다. 가족이나 친구간에 문제가 있는 경우를 제외하고는 당신의 성공에 가장 적극적인 지지를 보낼 사람이 당신을 사랑하는 사람 말고 누가 있겠습니까? 네트워크 마케팅에서라고 다르겠습니까?

MLM에 종사하는 일부 사람들이 가까운 사람들에게 해를 끼쳤습니까? 그렇더라도 이는 네트워크 마케팅의 책임이 아닙니다. 결혼이란 제도가 가슴 아픈 아동 학대에 대해 책임이 있다고 생각하지 않는 것과 같습니다.

스미스 부인께서 네트워크 마케팅에 대해 편견을 가지고 계신 것은 실로 유감스러운 일입니다.

당신을 사랑하는 사람들이 사용해 보고 나서 매우 마음에 들은 제품 —또는 제품을 사용함으로써 인생에 큰 변화를 가져왔을 수도 있다— 을 권하거나 친한 친구가 함께 재미있고, 쉽고, 창의적이며 즐겁게 사업을 하면서 부수입을 벌자고 권한다면 이러한 제안에 대해 당신의 마음을 열어보십시오. 서로의 관계를 통해서 혜택을 누리는 것은 —주는 것이나 받는 것 모두— 모든 인간 노력에 대한 가장 풍요롭고 가치 있는 보상중의 하나입니다. 이러한 혜택이 네트워크 마케팅에서와 같이 현찰의 형태로 나타날 수도 있습니다. 이것 또한 혁신적인 일입니다.

돈은 진정한 가치의 상징 또는 측정수단으로 생각할 수 있습니다. 그렇다면, 돈을 다른 사람에게 주는 것을 단순한 화폐 교환 이상의 것으로 생각할 수도 있을 것입니다. 즉, 당신은 이를 사랑의 표현으로 볼 수 있을 것입니다. 이렇게 생각해 볼 때, 리타 스미스씨, 만약 당신이 내 누이라면, 나는 당신을 네트워크 마케팅에 참여시키기 위해 최선을 다할 것이며 그렇게 함으로써 당신을 백만장자로 만들어드릴 것입니다"

이 답신은 스미스 부인의 '반대'에 새로운 빛을 던져주었다. 그렇지 않은가? 당신은 더 나은 인생을 만들어 갈 수 있는 방법을 당신이 가장 사랑하는 사람들과 함께 나누고 싶지 않은가? 앞서 말했듯이, 이는 극히 자연스러운 일이다.

이제 당신이 사랑하는 사람들을 못살게 구는 것은 별개의 문제이다. 기억하라. 당신의 임무는 사람들에게 선택권을 주는 것이다. 사람들에게 어떤 일을 확신시키거나 하도록 강요하는 것이 아니다. 따라서 네트워크 마케팅에는 오직 성인만이 참여할 수 있다.

"속이지 말라"는 11번째의 큰 계율로서 항상 기억하고 따라야할 것이다. 절대적인 영향력을 행사하라. 그러나 누군가를 원하지 않는 일에 참여시키려고 노력하지 말라.

만약 산타클로스가 된다면
당신에게 필요한 것은?

힌트: 당신은 2번 체크하게 될 것이다. 그리고 다시 2번, 다시 또 2번.

당신이 일반적인 사업을 시작하게 되면 당신은 자산 —장비, 재고, 공장 또는 소매점 등등—으로 상당한 돈을 투자해야 한다.

네트워크 마케팅에서는 딱 한가지의 자산만이 필요하다. 그것은 사업상 없어서는 안될 '장비'이다. 그러나 이 장비에는 비용이 들지 않는다. —그러나 황금만큼의 가치가 있다.

그것은 당신의 연락 명단이다.

훌륭한 네트워크 마케터는 처음 작성한 연락 명단을 보관할 것이다. 그리고 계속해서 이 명단을 발전시켜 나갈 것이다. 수년동안, 비단이나 백금처럼 중요하게 이 명단을 다룰 것이다. 반면에, 당신의 조직망에는 사업을 진심으로 구축할 준비가 되어있지 않은 사람들도 있을 것이다. 이들은 연락 명단을 만드는데 끝없이 질질 끈다.

이 경우에는 간단하게 이 한마디를 하고 싶다. 명단이 없으면 사업도 없다.

누구의 이름이 명단에 올라가겠는가?

당신이 어떤 회사와 연계해 일하느냐에 따라 당신은 첫번째 연락 명단을 만들 수 있는 놀라운 시스템을 제공받을 수 있다(이 명단을 '예상 고객 명단', '명단', '영향 범위' 등 어떻게 부르든 원리는 한가지다). 당신의 상위라인 조직이 실전에 활용할 수 있는 훌륭한 시스템을 가지고 있는 경우도 있다.

당신이 이런 시스템을 제공받을 수 없는 경우에 대비해 당신의 첫번째 연락 명단을 만들 수 있도록 여기에 간단하면서도 효과적인 '길라잡이 시스템'을 소개한다.

줄이 그어져 있는 빈 종이를 한 장 준비한다. 맨 위에 '(A) 친구'라고 쓴다. 한 줄에 1명씩 5명의 친구 이름을 써넣는다. 알고 있다면, 그들의 주소와 전화번호도 함께 기입한다. 그렇지 않으면 나중에 명단을 완성한 뒤에 기입하도록 한다.

한 줄을 뗀다.

다음 줄에, '(B) 친척'이라고 쓰고 나서 5명의 이름을 써넣는다.

다음 줄을 뗀다.

이렇게 계속해서, 다음 항목마다 각각 5명의 이름을 써넣는다.

(C) 학교

(D) 조직/ 클럽

(E) 직업 (회계사, 변호사, 의사 등등)

(F) 이웃

(G) 동료

(H) 종교 단체

기억하라. 당신은 현재 연락하고 있는 사람들뿐만 아니라 과거에 알고 있던 사람들의 이름도 기입할 수 있다.

　이제, 마지막 항목을 만들어라.

　1) '절대로 아닌 사람들' : 당신이 A~H 항목을 검토하면서 "이 사람은 절대로 이 사업에 관심이 없을 것이다"라고 생각해서 빼놓은 5명의 사람들이다. 그러나 명심하라. 내 경험상으로는 이것이 가장 중요한 항목이 될 수 있다.

　이제 당신은 45명의 이름들을 작성했다. 명단의 처음으로 돌아가서 항목들을 다시 살펴보아라. —그리고 전 항목을 통틀어서 5명의 이름을 추가해 50명의 이름을 만들어라.

　전문가들은 당신이 제대로 된 연락 명단을 만들려면 100명의 이름이 필요하다고 말한다. 이 시스템에서는 15분안에 당신에게 50명의 이름을 요구했다. 따라서 반은 완성된 것이다. 당신이 사업을 구축해 나가면서 새로운 이름을 계속해서 추가해라.

약속 만들기

　당신의 상위라인이나 회사에서는 연락을 취할 때 활용할 수 있는 좋은 방법들을 교육할 것이다. 중요한 것은 처음 연락을 취할 때는 짧고 쉽게 하라는 것이다. 특히 간단하게 해야 한다. 간단히 해야 하는데는 3가지 이유가 있다.

・ 당신은 다음에 무엇을 말해야 할지를 알고 있어야 한다.

다음에 무슨 말을 할 것인가에 대해 생각하느라고 우물쭈물할 시간이 없다. 무엇을 말할 것인지 공식을 준비해 두었다가 그대로 이행하라.

- 간단하게 소개하라. 복잡한 설명은 혼란스럽다. 만약 설명이 복잡하고 장황하거나 정보가 너무 많을 경우, 당신이나 이야기를 듣는 사람 모두가 어렵게 느끼게 된다. 이러한 부담감 때문에 당신에게 연락을 취하는 것이 늦춰질 수 있다. 2분 내지 3분 정도의 설명은 대부분의 사람들에게 부담감을 주지 않는다. 그러나 20분간을 요하는 설명은 부담스럽다.

- 따라할 수 있는 모델이어야 한다. 만약 당신의 모델이 짧고 쉬우며 간단하지 않으면 아무도 당신을 따라하고 싶지 않을 것이다. 이미지 만들기를 기억하고 있는가? 충분히 설명했다.

여기, 짧고 쉬우며 간단한 길라잡이 대본의 예를 소개한다.

"존, 같이 할 만한 사업이 있는데, 자네한테도 괜찮을 것 같고…. 우리 한번 얘기해 볼까? [답변을 기다린다] 물론, 자네에게 맞지 않을 수도 있지. [이제, 상대방이 관심을 가진다!] ―그러나 내 생각에는 자네도 내 얘기를 듣는다면 나만큼이나 흥분할 것 같은데. 그래서 자네에게 몇 가지 정보를 알려주고 싶네"

마지막으로 제안이나 요청을 하면서 다음과 같이 결론을 맺는다.

"이만 줄이겠습니다. 말씀드린 오디오 테이프를 보내드리겠습니다. 이 일에 대해서 당신이 어떻게 생각하는지 알아보려면 이번 주 언제쯤 제가 전화를 거는 것이 좋겠습니까?"

또는

"당신의 사무실에 들르겠습니다/당신의 집에 들르겠습니다/이번 주에 점심을 했으면 합니다. 언제가 좋겠습니까. 목요일, 아니면 금요일?"

만약 상대방이 거절을 한다면 어떻게 할 것인가?

내가 이러한 상황을 처리한 예가 있다. 상대방은 이렇게 말할 것이다.

"로버트, 내게 자료(테이프, 샘플 등등)를 보내줘서 고맙네. 그러나 나는 관심이 없어"

나는 이렇게 대답한다.

"프랭크, 천만에. 자네가 시간을 내서 이 자료들을 검토해 주니 정말 고맙네. 내 사업의 주안점은 소개를 받는 것이야. 자네가 알고 있는 사람 중에 열정적이고, 부수입이나 확실한 직장을 원하면서 내 사업을 검토해보고 싶어할 사람이 있나?"

이제, 잠시동안 심리적인 측면을 생각해 보자.

이 사람은 —아마도 당신의 친구일 것이다— 당신에게 'No'라고 말했다. 그러나 누구도 상대방을, 특히 친구를 실망시키고 싶어하지 않을 것이다. 당신은 친구에게 소개를 부탁하면서 이를 만회할 기회를 준 것이다. 십중팔구, 당신의 친구는 당신을 돕고자 몇 명의 이름을 알려줄 것이다. 이렇게 함으로써 친구들의 마음을 안정시키고 친구들이 당신을 도울 수 있도록 해준다. 이는 서로에게 도움을 주는 일이다. 이제 여기에 약간의 양념을 가미해 보자.

"프랭크, 네트워크 마케팅은 노력에 대해 정당하게 보상을 해 준다네. 자네가 내 사업에 참여할 사람들의 이름을 알려준다면 최고급 식당에서 저녁 식사를 할 수 있는 식사권을 선물하겠네"

이런 제안까지 덧붙여지면 대부분의 사람들은 거절하지 못하게 된다. 이런 방법으로 소개를 받게 되면 50달러의 비용이 든다. 하지만 내가 얻는 이점은 '아는 사람만으로 구성된 일반적인 네트워크'를 넘어설 수 있는 계기를 만들었다는 것이다.

어쨌든 이러한 일련의 과정을 통해 프랭크는 이 사업이 어떻게 실제로 진행되는지 살펴볼 수 있는 기회를 또 한번 갖게 된다.

어쩌면 이 사업이 매우 간단하면서도—심지어 재미있다고 생각하게 될 수도 있다. 그렇다고 당신이 제안을 한 모든 사람들이 이렇게 되는 것은 아니지만 많은 사람들이 이렇게 되는 것에 놀랄 것이다.

버트윈의 법칙을 기억하라. 결코 기회의 문을 닫지 마라. 프랭크는 'No' 라고 거절했지만 몇 명을 소개시켜 주었다. 훌륭한 수확이다. 그 다음에는 이렇게 질문을 한다.

"프랭크, 나는 사람들의 환경이 바뀐다는 것을 알고 있네. 내가 계속해서 자네와 연락하면서 몇가지 추가로 흥미로운 자료들 —기사나 사보 등 당신이 네트워크 마케팅에 대해서 알 수 있는 자료들— 을 보내서 내 사업이 어떻게 진행되는지 자네에게 알려주어도 괜찮겠나?"

대부분의 사람들은 '괜찮다' 고 대답한다. 이것으로 당신은 그들 앞에 당신의 성공비전을 펼쳐 보일 수 있는 기회를 갖게 된 것이다. 놀랍게도, 4월에는 이 사업에 흥미를 전혀 가지고 있지 않던 사람들이 10월쯤 되어 당신이 무일푼에서 짧은 시간 내에 수천 달러의 소득을 올리는 것을 보고 이 사업에 큰 흥미를 느끼게 된다. 기사나 광고 전단에 당신은 매우 행복하고 성공했으며 사업이 매우 재미있다는 짤막한 노트를 첨부해 보내라.

성공은 매우 전염성이 강하다.

성공에 대한 모든 현상(WITHEM)은 원리의 예이다.

WITHEM

'WITHEM'은 간단하게 말해서 "도움을 주는 것은 무엇인가?(What's In It For Them?)"하는 것이다. 당신이 이 사업에서 사람들과 함께 하는 모든 일에는 명확한 WITHEM이 있어야 한다.

나는 여러 차례 '도구를 활용하라'고 말했었다. 그러나 우선 당신의 임무를 이해하는 것 또한 매우 중요하다. 당신의 임무는 도구들이 제몫을 할 수 있도록 관계와 환경을 형성하는 일이다. 올바른 도구를 사용할 수 있도록 준비를 하라. 이것이 WITHEM에 대한 정의이다.

"메리, 이 사업이 당신에게 어떻게 도움을 주는지 이해하시겠습니까?
"샘, 그 사람의 WITHEM은 무엇이었습니까?"

상황이 어떠하든 —당신이 사업 설명회에서 예상 고객들에게 이야기를 하고 있건, 아니면 신규 디스트리뷰터들을 교육시키고 있건간에— 그들이 자신의 접근 방식을 개선하고 사람들을 이 사업에 참여시키는 성공 확률을 높일 수 있는 방안을 함께 연구하라. WITHEM에 초점을 두면 당신은 훨씬 가까이 진실에 근접하게 될 것이다. 네트워크 마케팅에서 진실이란 당신을 경제적으로 자유롭게 만드는 것을 의미한다.

내가 이 사업을 쉽게 할 수 있는 것은 인생을 사랑하는 사람들 —자신의 남은 여생을 더욱 낫게 변모시키기 위해 노력하는 사람들— 을 찾고 있기 때문이다.

로버트 네티욱이 처음에 내게 가르쳐 주었듯이, 나는 '자신의 인생을 차별화시킬 수 있는 사람' 을 찾고 있다.

화살 한 촉만을 가지고 사냥을 나갔던 명궁 젠과 같이 나는 예상 고객들을 내 사업에 참여시키는데 명수이다. 나는 '확실한 제품' 을 가지고 틀림없는 사람을 찾는다. 자기 인생의 질을 좀 더 향상시키기 위해 노력하고 있는 사람들을 말이다.

그리고 내가 그런 사람들을 발견했을 때는 틀림없는 사실만을 이야기한다. 나는 확실하게 결과를 얻을 수 있는 도구들을 활용해 이야기를 할 것이다.

내 임무는 사람들의 흥미를 충분히 돋구어서 그들이 이 사업을 검토해 보게 하고 그들이 자신의 WITHEM을 보고, 들을 수 있도록 도와주는 것이다. 그 다음 이 WITHEM을 내 사업과 연계시킴으로써 그들도 이 사업을 할 수 있다는 믿음을 심어주는 것이다.

그렇다. 이는 정말로 간단하다.

쉬운 일인가? 때로 쉬울 수 있다. 그러나 항상 쉽지만은 않다. 간단한가? 그렇다. 언제나 늘 간단하다.

인식 변화시키기

당신은 적지 않은 사람들이 한번쯤은 네트워크 마케팅에 대해 소개를 받은 적이 있다는 것을 알면 놀랄 것이다. 더욱 놀라운 것은 많은 사람들이 이미 네트워크 마케팅에 대해 어떤 종류의 선입견을 지니고 있다는 사실이다. 물론 모호하고 간접적이긴 하지만.

당신의 첫째 임무는 그들이 가지고 있는 선입견이 무엇인가를 알아내는 것이다. 이 임무는 당신이 가족과 이야기하는 경우거나 낯선 사람들과 이야기하는 경우 모두에 해당된다. 두번째 임무는 대부분의 경우 잘못되어 있는 인식을 바로 잡는 것이다.

일단 어떤 일에 대해 선입견을 가지게 되면 모든 것을 그 선입견에 따라 받아들이기 때문에 다른 이야기는 그들의 귀에 제대로 전달되지 않는다. 그 인식을 변화시키기 전에는 당신의 이야기도 제대로 전달되지 않는다.

다시 말하지만, 이때 도구를 활용하라. 이 사업이란 진정 무엇이며 나아가, 그들을 위해 어떤 가능성을 가지고 있는지 설명해 줄 수 있는 좋은 책과 테이프가 많이 있다. 이 도구들을 활용하라. 이 도구들을 이용하되, 특히 인식을 변화시킬 때 활용하라.

이러한 인식 변화에 대해 앞서 다룬 적이 있다. 우리가 '거절'에 대해 이야기 할 때였다. 피라미드 또는 "당신은 내 돈을 빼앗으려는 겁니까?", "나는 …할 시간이 없습니다" 그리고 "나는 돈이 없습니다" 등에 대해서였다.

이 3가지는 사람들이 가지고 있는 선입견의 간단한 예이다. 이제, 당신은 이러한 인식들을 변화시키도록 도와주어야 한다.

사람들이 가지고 있는 또다른 주요 선입견은 '판매'에 대한 것이다. 이 또한 우리가 앞서 다룬 문제이다. 인식이란 사람들이 가지고 있는 사고이다. 사고란 마음속에서 생성돼 살아있다. 그러나 사람들은 항상 자신의 마음을 바꾼다. 따라서 당신이 자신의 사고 습관을 변화시키는 것과 마찬가지로 다른 사람들의 인식 또한 변화시킬 수 있다. 그들의 인식에 저항감을 표현할 것이 아니라 그들의 인식을 듣고 이해하면서 그들이 다른 쪽도 볼 수 있도록 도와주는 것이다.

전형적인 인식 변화 기법은 많은 길라잡이 네트워커들이 사용해 온 것으로 '느낀다, 느꼈다, 발견했다'의 방식이다. 이는 매우 귀중한 기법이다. 왜냐하면 이 짧은 문구를 통해 당신은 사람들에게 당신이 그들의 진정한 관심사를 이해하고 있다는 것을 알려주고 당신도 한때는 그들과 똑같이 생각했으나 지금은 그 문제에 대해 생각을 바꾸었다는 것을 —그리고 그들도 할 수 있다는 것을— 강조할 수 있기 때문이다. 이에 대한 예가 있다.

"크리스, 나는 당신의 생각을 이해합니다. 내가 처음 네트워크 마케팅을 할 때 소득 전망을 듣고 터무니없다고 생각했었습니다: 한 달에 1만달러라니…. 1년만 지나면…. 그리고 부업으로만 일하고도 가능하다니 말도 안돼! 그러나 제가 무엇을 발견했는지 아십니까? 그 전망이 사실이라는 것입니다. 제가 그랬으니까요. 그리고 당신이라고 그렇게 못할 이유가 없습니다. (또는) 사실입니다. 저의 후원자가 늘 그렇게 말했습니다. 그리고 지금 그는 제가 할 수 있도록 도와주고 있습니다"

사람들의 인식을 변화시키는 주요 요소는 다음과 같다.

1) 경청하기— 그들에게 당신은 그들이 하는 이야기와 생각을 이해하고 있다는 것을 알려주어야 한다.

2) 공감대 형성하기— 사고와 감정.

3) 이 사업의 다른 면을 보여주기— 그들에게 무엇이 당신의 마음을 변화시켰는지 설명한다.

　1)번, 2)번, 3)번—이것은 쉽다.

　사람들은 이 사업이 정말로 어렵기를 바란다. 그래야만 짧은 기간에 그렇게 많은 돈을 벌 수 있는 이유가 되기 때문인 것 같다. 사실, 나도 처음에는 그렇게 생각했었다. 그러나 나는 네트워크 마케팅이 실제로 쉽다는 것을 발견했다. 그리고 일단 이 사업을 이해하고 나면 많은 돈을 벌기 시작하면서 더 큰 즐거움을 누릴 수 있다.

　내 말의 뜻을 이해하겠는가? 느낀다, 느꼈다 그리고 발견했다. 이 사업은 쉽다는 것을.

　당신이 사람들의 거부감을 이해하고, 이를 공감하면서 해결하는 법을 깨닫고 나면 당신은 정상에 오를 수 있다. 사람들은 강매 당하는 것을 싫어하지만 자발적인 구매는 좋아한다—그리고 사람들은 구매를 해야만 한다.

　따라서, 당신이 알고 있는 사람들과 이야기를 하는 것이 중대한 출발점이 된다. 그러나 여기에 영원히 머물러 있을 수 없다. 당신이 일단 좋은 출발을 하고 나면 다음 단계를 해야할 시간이 된다.

모르는 사람들과 이야기할 시간

모르는 사람들을 어떻게 만날 것인가? 모르는 사람들을 만나지 않을 수는 없다. 외출 때나 귀가 때, 비행기?버스?기차에서 줄을 서고 있다가, 식당에서?운동 시합장에서?호텔 로비에서.

당신이 모르는 사람들은 도처에 있다. 나는 '모르는 사람들'이 부족한 경험을 한 적이 없다—집에 있을 때를 제외하고는. 따라서 첫번째 규칙은 모르는 사람들을 만나려거든 집 안에 머물러 있지 말라는 것이다. 다시 말한다면, 당신의 안전 지대를 벗어나라.

아하!! 두려운가?

어쩌면 두려울 수도 있다. 그러나 일단 모르는 사람들 틈에 끼게 되면 이는 가장 재미있는 일이 될 것이다. 그리고 네트워커로서 이는 분명 얻는 바가 많은 즐거움이다.

이 점을 생각하라. 지금 내 네트워크 조직에 참여하고 있는 사람들 중에 99%가 5년 전에는 모르는 사람들이었다. 사실이다. 내가 만난 모든 네트워크 마케터들은 이와 같은 방식으로 일한다. 우리 업계에서는 무언의 신조가 있다.

낯선 사람이란 우리가 아직 만나지 못한 친구일 따름이다.

언젠가 치과에 갔을 때였다. 첫 대면인 의사는 이미 이 사업에 대해 흥미를 갖고 있었다.

나는 이를 치료해 준 대가로 의사에게 수백달러를 지불했다. 그리고 그는 내 이야기에 귀를 기울였다. 아주 진지하게.

나는 그 치과의사에게 자신의 인생을 극적으로 변화시킬 수 있는 한 가지 방법을 제안했다. 나는 그가 어떻게 해야 '항상 원해 오던 인생을 누릴 수 있을 것인가'를 알고 있었기 때문이었다. 그는 항상 두 딸들을 대학에 진학시킬 일에 고민하고 있었다. 또한 여가 시간이 부족해 애를 먹고 있었다.

당신은 내가 그에게 어떤 이야기를 했을 것으로 생각하는가?

내 행동 즉, 낯선 사람이 내 입 속에 드릴을 넣고 작업을 하고 있을 때조차도 이야기를 꺼내는 내 의지가 항상 이렇게 순탄하게 성사되는 것만은 아니다. 나는 이 사업에서 성공하려면 내가 알지 못하는 사람들과 이야기를 시작해야 한다는 것을 재빨리 깨닫게 되었다.

내가 아직 만나지 못한 친구들

나는 몇주간 '나에게 우호적인 시장', 즉 내 친구들과 친척들의 명단을 검토했다. 한동안 계속해서 나는 그들의 소개, 소개, 소개를 받았다. 그러나 마침내 〈'당신을 소개받았습니다' 명단〉은 바닥이 났고 나의 안전지대도 끝이 났다.

마침내, 나는 긴장과 초조함을 억지로 가라앉힌 다음 비행기 옆자리에 앉은 사람에게 말을 건네었다. 그러나 그는 이 사업에 참여하지 않았다. 그렇다고 나를 '죽이지도' 않았다.

나는 아이들과 더 많은 시간을 갖도록 해주는 사업 기회를 알아보려는 마음이
없어요.

그 다음은 식당의 여종업원이었다. 나는 그녀에게 다른 일을
하고 싶은지, 또 그녀의 현 상황과 자신의 포부에 대해서 물어 보
았다. 그녀도 내 사업에 참여하지는 않았다. 그러나 나는 여기서도
목숨을 부지했다.

나는 점차 내 목숨을 내걸고 모험을 하면서 내일 아침해가 떠
오르기를 고대하는 것이 즐겁게 느껴졌다. 그 과정 속에서, 나는
사람들에게 질문을 하고 그들에 대해 배우면서 내가 전달하고자
하는 메시지를 명확하게 전달하는 능력을 향상시켜 나아갔다.

학습곡선에 대해서 알고 있는가? 하고 있는 일을 계속 하면서 배우고, 정복해 나갈수록 당신의 능력은 더욱 향상된다. 이러한 일이 내게 일어나기 시작했다. 그것은 당신에게도 일어날 것이다. 어느 운동화 선전에서처럼 "하기만 하면 된다"

나는 비행기에서 또 다른 사람에게 말을 건넸다. 그는 흥미 있어 했다. 거짓말이 아니다. 나는 거의 믿을 수가 없었다. 나는 그에게 집에서 검토해 보도록 몇가지 도구를 주었다. 그리고 바로 그때, 그곳 비행기에서 그의 WITHEM을 발견했다. 이틀후, 그에게 전화를 했다. 그리고 그는 신나게도 내 사업에 참여했다.

왜? 그는 '틀림없는 사람' 이었기 때문이었다. 그리고 내가 그를 위해 어떻게 일을 할 것인가를 진정으로 이해했던 것이다. 이것이 열쇠이다.

이제, 당신도 알다시피, 이렇게 낯선 사람들과 이야기하는 것이 재미있어지기 시작했다(여기에는 학습 곡선뿐만이 아니라 재미 곡선도 있다). 그 후 어느 시점이 되자, 나는 안전지대를 벗어나는 것이 너무 재미있어서 낯선 사람들에게 말을 건네기 위해 가장 색다른 방법들을 모색하기 시작했다.

"실례합니다, 만약 당신이 꿈꾸어 오던 시간과 경제적 자유를 누릴 수 있는 방법을 소개한다면 이 테이프를 집에 가지고 가서 들어보시겠습니까?"

거리 모퉁이나 남자 화장실(여자 화장실에서는 시도해 보지 못했다—아마도 이곳은 여전히 안전지대 밖의 지역이다), 야구시합 도중(내가 직접 경기를 하고 있는 도중이다) 등, 즉 때와 장소를 가리지 않고 모든 곳에서 시도했다.

기억하라. 나는 지금 손에 이렇게 위대한 선물을 쥐고 언제 어디서 누구에게든 이 선물을 받아들이는 사람에게 선물할 것이다. 나는 이 일을 매우 오랫동안 해왔기 때문에 이제는 이것이 제2의 천성이 되었다. 이제는 우리 중 누구도 가고 싶어하지 않는 범죄소굴(그리고 여자 화장실)만을 제외하고는 ―사람들과 이야기하기 위해― 가지 못할 곳이 없다고 생각한다. 나의 안전지대는 세계로 확장되었다. 그리고 처음에는 타인으로 만났다가 이제는 나의 좋은 벗이 된 사람들의 수가 셀 수 없을 정도가 되었다.

상식

당신이 숨을 깊이 들이쉬고 나서 마음을 안정시킨 뒤에, 알지 못하는 사람에게 말을 걸었을 때, 이러한 '낯선 사람'과의 만남을 '아직 만나지 못했던 친구와의 만남'으로 바꾸어줄 수 있는 것은 바로 상식이다.

대화의 기술에서 상식은 당신과 공통된 관심사, 목표, 취미, 의견, 경험, 기타 다른 면들을 설정해 준다. 당신이 일단 공통점을 발견하고 나면, 당신과 상대방은 연결 고리를 찾게 된 것이고, 이는 상대방이 당신의 의견을 신뢰할 수 있는 기틀을 마련해 준다. 이러한 공통점이 많으면 많을수록 기틀은 더욱 확고해 진다.

전언(傳言)이 아닌 전달자(傳達者)가 되라

낯선 사람들과 이야기하는 법을 배우고―이를 편안하게 느끼도록 만들어 준 것이 무엇인지 아는가? 모르는 사람들과 이야기하는 것을 즐길 수 있게 만들어 준 것이 무엇인지 아는가? 그것은 '나는 결코 거절당하지 않는다' 는 확신이다.

사실이다. 나는 소개를 간단하고 쉽게 한다. 상대방이 이야기하고 싶어하지 않는다면 그것으로 족하다. 나는 이해한다.

나는 상대방의 자격을 심사한다. 여러 가지 질문을 하면서 상대방이 적합한 사람인지, 또한 이 사업이 그들에게 적합한지를 알아본다. 이는 마치 헨델과 그레텔이 집을 떠나올 때부터 나중에 집에 돌아갈 수 있는 길을 찾을 수 있도록 조약돌을 뒤에 떨구면서 오는 것과 같다. 또한 내가 그들을 위해서 일을 하고 싶은지를 결정할 필요가 있다. 따라서, 그들이 나를 검토하는 것만큼 나도 그들을 점검하게 되는 것이다. 이것이야말로 매우 동등한 방법이다.

나는 그들이 내 정보를 받고 싶어하는지 알아본다. 그리고 우선 정보를 보낸다. 그들에게 준 도구는 "이것을 읽으시오. 이것을 들으시오"들이다. 비록 그들이 우선 이야기를 하고 싶어한다고 할지라도, 나는 그들에게 도구를 준다. 그들이 이 자료를 듣거나 읽겠다고 약속한다면.

그들이 내가 준 자료들을 듣고, 보고, 읽은 후에도 이 사업에 관심이 없다면 이는 나에게 개인적으로 관심이 없는 것이 아니다. 그들은 단지 도구의 내용을 이해하지 못한 것이다. 그들은 도구를 거절한 것이지 나를 거절한 것이 아니다. 따라서, 나는 그 도구들을 껴안고 있으면서 훨씬 마음이 편안해지며 계속 앞으로 나아갈 수 있게 된다.

당신이 이 과정을 계속하면 할수록 당신의 기술은 더욱 세련

되고 더욱 새롭고 재미있는 이야기들을 사람들에게 할 수 있게 된다. 이 사업에서 무엇보다 우선하는 한가지 사실은 이 사업은 훌륭한 제품과 훌륭한 사람들에 대해 재미있고 흥미로운 이야기들을 들려준다는 것이다.

모든 길라잡이 네트워커들이 자신들의 손금을 들여다보듯 훤히 알고 있는 이야기가 있다.

예상 고객을 모으는 일은 전달 내용과 관련된 일이다. ─전달자와 관련된 일이 아니다.

전달 내용은 이야기이다. 도구는 훌륭한 내용들을 담고 있다. 당신의 임무는 전달자가 되는 것이다.

우리는 앞으로 당신의 사업에 대해 전혀 아는 바가 없는 사람들을 모을 수 있는 기술들을 더 구체적으로 살펴볼 것이다.

현재는, 당신이 안전지대에서 벗어나서 낯선 사람과 이야기하는 일에 초점을 맞추기 바란다─이는 매우 재미있고 자유로운 일이 될 것이다. 또한 네트워크 마케팅 사업에서 돈을 벌 수 있는 좋은 방법이기도 하다. 도구들을 이용하라.

나는 단지 훌륭한 마음자세를 갖고 있는 사람들을 찾는다. 당신은 훌륭한 자세를 갖고 있는 사람을 구별할 수 있다. 그들의 이력에서 과거의 성공 자질을 찾아라. 행복하고 성공적인 사람을 발견하라. 이것으로 충분하다. 반드시 가려서 선택하라. 기억해야 할 것은 당신은 황금을 찾고 싶어한다는 것이다.

전달 내용은 '나는 즐겁다'

당신은 어쩌면 이렇게 말할 수도 있다.

"그러나 낯선 사람에게 '나는 즐겁다'고 얘기하는 것은 네트워크 마케팅에 대해 부적절한 메시지를 주는 것이 아닌가? 즉, 낯선 사람들은 이 사업에 대한 경솔함을 얻고, 갑작스런 말에 오히려 그릇된 이미지를 갖게 할지도 모른다—그렇지 않은가?"

알겠다! 알겠다! 나는 당신의 기분을 이해한다. 나도 처음에는 그렇게 생각했었다.

그러나 낯선 사람들에게는 이렇게 말하는 것이 좋은 방법이다. 비록 이 말이 아주 모순된 것으로 보일지라도 말이다. 이 점을 기억하라. 이렇게 말하는 목표는 당신이 알고 있는 사람들과 이야기를 나눔으로써 우선적으로 즉각적인 결과를 얻기 위한 것이다. 일단 당신이 이렇게 이야기하는 것에 무리가 없게 되면 낯선 사람들과 편안하게 이야기를 나누는 것도 훨씬 수월해질 것이고, 그 다음에는 그들에게 이 사업은 즐겁다는 내용을 알리는 것도 쉬워진다.

결국에는 낯선 사람들은 내게서 이 사업은 너무나 쉽고 재미있다는 인상을 받게되고 그들도 역시 이 사업을 하고 싶다고 느끼게 된다.

낯선 사람들에게 따로 노력을 기울이지 않아도 효과적으로 이야기를 할 수 있는 능력은 많은 부러움을 사지만 대부분의 사람들은 이렇게 하지 못한다. 겁을 내기 때문이다. 결국, 낯선 사람들과 편하게 이야기를 주고 받을 수 있는 능력은 네트워크 마케팅이 제공하는 또다른 혜택이다.

스스로에게 물어보아라. 자신은 언제 어디서 누구에게든 다가가서 그들 인생에서 가장 중요한 것에 대해 이야기를 주고 받을 수 있을 만큼 자신 있고 자유롭고 싶은가?

이는 세상에서 가장 위대한 자유중의 하나이다. 그리고 당신은 이 자유를 2주안에 정복할 수 있다. 사실이다.

어떻게? 하면 된다. 그리고 도구를 활용하라.

(나는 내가 성공적으로 사용했던 도구 명단을 작성해 각 도구마다 간단한 설명과 이 도구들을 어디서 구할 수 있는지를 함께 〈내가 사랑한 위대한 도구들〉이라는 책 뒷면에 실어 놓았다)

약속하기

일단 상대방이 관심을 보이면 나는 제품과 마케팅 플랜에 대한 회사 도구들을 이용해 이 사업에 대한 이해를 도모하고 우리가 어디에까지 이르렀는가를 알려준다. 나는 그들의 WITHEM을 내 사업 기회와 연결시키고 그들에게 선택하도록 한다. 만약 그들이 참여에 관심을 가지면, 이제는 '약속'의 시간이다.

나는 사업을 하겠다는 서약을 받기까지는 그 누구도 내 사업에 참여시키지 않으며 그들과 시간을 보내지도 않는다. 이것은 예외가 없는 규칙이다.

나는 당장 등록을 하겠다고 말한 사람들을 많이 보아왔다. 그러나 이것은 잘못된 것이었다. 그들은 이 말을 지키지 않았다. 맹세를 하지 않으면 가능성도 없는 것이다. 시간만 낭비할 따름이다. 그것도 매우 많은 시간을. 그 시간은, 길라잡이 친구들에게 매우 중요한 재산이다.

한 사람이 맹세를 하게되면 그를 사업에 참여시킨 다음 교육시키고 개발하는데 많은 시간을 투자한다. 나는 당신도 이렇게 할 것을 권한다.

내가 원하는 맹세에는 그 사람의 WITHEM과 더불어서 목표를 성취하기 위한 얼마간의 시간, 에너지, 그리고 노력을 포함한다. 이렇게 하는 데에는 많은 이유가 있는데 아래 인용 글에 잘 설명돼 있다.

맹세를 하지 않고 망설이다 보면 기회는 자취를 감추고, 항상 비효율적인 면만 남게 된다. 창의적인 행동에는 한가지 기본적인 진리가 있다. 이를 알지 못하면 수많은 아이디어와 훌륭한 계획들이 사장(死藏)된다. 그것은 스스로 맹세를 하는 순간에 신의 섭리가 일어난다는 사실이다. 맹세를 하지 않았으면 일어나지 않았을 온갖 종류의 일들이 그 사람을 돕기 위해 일어난다. 결정을 함으로써 자신에게 일어날 것이라고는 꿈도 꿔보지 못한 일련의 사건들이 —눈에 보이지 않는 사건, 만남 그리고 물질적인 도움 등의 방법으로— 자신을 돕기 위해 일어난다. 나는 괴테의 시구(詩句)를 매우 감명 깊게 읽었다.

"당신이 무엇을 할 수 있든지, 또는 무엇을 할 수 있다고 꿈을 꾸고 있든지—시작하라. 대담함에는 수호신과 힘 그리고 마력이 숨어있다"

W.H. 머리, The Scottish Himalayan Expedition 1951

이제, 당신에게 내가 말한 '맹세'의 의미를 깨달을 수 있는 경험을 해보도록 권하고 싶다. 나와 함께 경험을 해보자. 스스로에게 물어보아라.

"내 아이들(아이가 없다면 배우자나 부모님)을 굶어 죽게 할 것인가?"

이 질문을 심각하게 생각해 보라. 당신의 대답은 무엇인가?

이 질문에 "아니오! 절대로 그럴 수 없습니다!" 이외의 답변을 얘기하는 사람을 본 적이 없다. 그것도 생각하거나 주저하지 않고 즉각적으로 명백하게 대답한다.

여기에서 생각해 볼 재미있는 사항이 있다. 사실상, 당신은 이 답변을 뒷받침할 증거를 가지고 있지 않다.

당신은 내일 또는 이틀 뒤, 아니면 200일 뒤쯤 무슨 일이 일어날지 모른다. 당신이 어떻게 미래를 통제할 수 있겠는가? 당신은 할 수 없다. 당신의 자녀(배우자, 부모님)가 굶지 않으리라는 증거는 없다. 그렇지만 당신은 확실하게 그런 일이 일어나지 않을 것이라고 말한다.

어떻게 그렇게 말할 수 있는가? 왜냐하면 당신은 맹세를 했기 때문이다. 바로 그것이다. 더 이상 거론할 여지가 없다.

맹세란 바로 이렇게 가장 명확하면서도 가장 절대적인 것이다. 이는 어떻게 일이 이루어질 것인가 또는 이루어지지 않을 것인가와는 관련이 없다. 맹세란 간단하면서도, 강력하고 의심할 여지없이 당신이 말한 것이 이루어지는 것을 말한다. 여기에서 어떻게는 전혀 문제가 되지 않는다. 맹세는 어떻게와는 무관하다. 맹세한 일은 일어날 것이다—무엇이든지.

또한 맹세는 '노력'과도 무관하다. 스타워즈 영화에서 최고의 우주 전사 요다는 맹세를 완벽하게 설명했다. "류크, 네게는 하거나 하지 않거나, 둘 중의 하나이다. '노력한다'란 말은 없다"

그리스의 철학자이자 수학자인 아르키메데스는 지렛대의 원리를 발견하고나서 흥분해 이렇게 이야기한 것으로 전해진다.

"나에게 서있을 자리를 달라. 그러면 지구를 움직여 보이겠다"

맹세란 바로 서있을 자리이다. 나는 "사랑이 세상을 둥글게 만든다"는 것을 알고 있다. 더불어 맹세는 세상을 생산적이고 즐겁게 만든다는 것도 알고 있다. 이 때문에 내 사업의 필수요건으로 맹세를 생각하는 것이다.

내가 사업 기회를 제안하는 이유

맹세에 대한 내 얘기를 듣는 동안 당신은 궁금할 것이다. "로버트, 그렇다면 당신은 맹세를 당장 원하십니까? 아니면, 사람들이 제품을 알게 되고 그들이 제품 중에 제품이 된 이후에 원하십니까?"

이 사업을 하는 사람들 중에 일부는 제품을 먼저 모든 사람들에게 소개하고 나서 나중에 사업 기회를 소개하는 것이 제일 좋은 방법이라고 말한다. 그러나 그것은 내 방식이 아니며 당신에게도 그렇게 하도록 권하고 싶지 않다.

나는 먼저 사업 기회를 제안하는데 여기에는 두 가지 이유가 있다.

첫째, 상대방의 WITHEM과 접할 수 있다. 또한 상대방의 꿈을 이해할 수 있다. 이러한 이해가 없이는 내가 가질 수 있는 가능성이란 사람들이 길을 걷다가 우연히 이 사업에 관심을 가지게 되기를 바라는 것이다. 내가 추구하는 것은 사람들에게 새롭고 더 나은 인생을 창조할 수 있는 기회를 제공하며 이러한 인생이 사업기회를 통해 이루어지도록 하는 것이다.

나는 사업 기획가다. 따라서 내 낚시바늘에 사업 기회를 미끼로 사용한다. 만약 내가 당근을 원한다면 채소밭에 당근 씨앗을 심을 것이다—호박씨를 심지는 않을 것이다. 나는 사업도 이러한 방식으로 행한다. 내가 원하는 사람은 사업을 구축해 자신이 항상 꿈꾸어오던 인생을 창조하기를 원하는 사람이기 때문이다.

당신이 사업에 관심이 있는 사람을 발견했을 때, 그 사람에게 전망 있는 제품들을 보여주고 사업기회가 제품 및 시장 수요와 어떻게 관련되어 있는지 설명하는 것은 쉬운 일이다.

내가 사업기회를 먼저 설명하는 두번째 이유는 만약 상대방이 사업기회를 거절한다고 할지라도 상대방을 제품 고객이나 현명한 소비자로 여기고 제품을 소개할 수 있는 다음 기회가 있기 때문이다(그러나 내가 제품을 먼저 소개한다면 상대방이 거절했을 때, 대처방법이 없게 된다).

내가 함께 사업을 하자고 제안했을 때 나올 수 있는 답변은 딱 3가지다.

1) 예
2) 아니오―그러나 제품은 맘에 듭니다.
3) 아니오―제품도 마음에 들지 않습니다.

당신과 이야기를 나눈 사람 중에 33%~50%의 사람들이 제품을 사용해 보거나 사업에 참여할 것이다. 분명한 것은 사업에 참여하는 사람의 숫자가 더 적을 것이라는 것이다. 그러나 양쪽 모두 매우 좋은 기회이다.

환불을 보장함으로써 사람들이 안심하고 제품을 한달동안 사용할 수 있도록 한다. 플라시보 효과 ―유효성분이 없는 위약 투여에 의한 심리효과로 실제로 호전되는 일― 에서는 실험을 실시한 사람 중 1/3이 긍정적인 반응을 보였으며, 1/3은 반응이 없거나 부정적 반응을 보였다. 그리고 나머지 1/3은 잘 모르겠다고 대답했다. 따라서 환불 보장 조건하에서 당신의 제품을 사용해 본 사람 중 33%는 좋은 결과를 얻게 될 것이다. 만약 당신이 사람들에게 제품의 가치를 깨달을 수 있도록 도와주고 한 걸음 더 나아가 현명한 고객이 됨으로써 얻을 수 있는 더 많은 혜택을 알려 줄 수 있다면 당신은 제품을 구매하도록 이야기를 나눈 사람들 중에 1/3의 사람들을 얻게 될 것이고, 이들이 구매를 함으로써 당신은 소득을 올리게 된다.

자신들이 긍정적인 결과를 얻을 수 있을지 없을지 알지 못하는 1/3의 사람들 중에는 긍정적인 결과를 얻을 때까지 계속 제품을 사용해보도록 설득해 볼 수 있는 사람들도 포함돼 있다. 그들에게 제품에 대한 더 많은 교육 자료들을 주고 제품과 관련해 자신과 다른 사람들의 긍정적인 경험들을 이야기하라. 그 결과로 당신은 제품에 대해 긍정적인 경험을 한 사람들을 많이 얻게될 것이다.

이제, 당신이 이야기를 나누고 제품을 소개한 사람들 중 반수가 제품에 만족하고 계속해서 당신으로부터 제품을 구입하고 싶어할 가능성이 매우 높아졌다. 이는 숫자 게임이다—그리고 그 수는 당신에게 유리하게 쌓여갈 것이다.

신규 디스트리뷰터와 결속하기

당신이 어떤 사람의 서약을 받았으면 이제는, 그들을 새로운 사업 기회의 모든 면과 '결속' 시켜야 한다. 당신이 신규 디스트리뷰터와 해야 할 첫번째 일은 그들을 제품, 회사, 회사 교육 프로그램, 그리고 최종적으로 당신과 당신의 상위라인과 결속시키는 것이다.

그들에게 할 수 있는 한 많은 정보를 주어라. 그러나 "자료들을 마구 쏟아붓지" 않도록 해야한다. 너무 많은 정보는 사람들을 숨막히게 할 수 있다. 도구들을 활용해 정신적으로 부담을 주는 것을 방지하라.

그들이 제품의 독특함과, 이 제품이 사람들에게 얼마나 가치 있는가, 그리고 시장에서의 잠재력은 어느 정도인가를 깨달을 수 있도록 도와주어라. 진실로, 그들에게 이 모든 것 —제품, 사람, 계획— 의 가치를 깨닫게 하라. 그들의 열정에 불을 지펴라. 그들의 가슴에 정열의 불씨를 심어주어라.

그들에게 회사와 제품을 통해 사업을 정당하게 이끌어 가는 방법을 확실히 알게 하라. 즉, 전체 사업 구조와 재정적 상태가 고품질의 제품을 정직하게 유통하는데 기초하고 있다는 것을. 제품이 없이는 사업도 있을 수 없다는 것을. 이는 꾸밈없는 진실이다.

당신이 신규 디스트리뷰터와 결속을 하고 나면 당신은 그의 사업을 구축하는데 적극적으로 도와주고 싶을 것이다. 여기서 명심해야 할 것은 당신이 그들과 함께 사업을 시작하는 방식은 그들이 자기의 예상고객들과 사업을 하는 방식이 될 것이다. 따라서 어떤 일에서이든 맨 처음 시작이 중요하고 또 중요하다.

"당신을 대신해 모든 일을 처리해 주겠소"는 절대 안된다

때로, 길라잡이 네트워커가 되기 위해서는 소위 '헌신적인 사랑'을 필요로 한다. 그렇지만 때로는 이것이 해로울 수도 있다.

네트워크 마케팅은 '사람 대 사람'의 사업이다. 때문에 대부분의 후원자들은 다른 사람들을 잘 되도록 보살펴 주고 확인하고 싶은 충동을 갖는다. 이는 우리 사업에서 가장 훌륭한 장점 중의 하나이기도 하다. 이는 다른 사업과 구별되는 장점이기도 하지만 함정이 될 수도 있다.

힘겨워하는 신규 디스트리뷰터를 보면 간섭해서 그들의 짐을 덜어주고 싶은 것은 지극히 당연한 일이다. 그들은 지금 두려움과 의심을 극복하는데 힘들어하고 있다. 이때 이렇게 말할 수도 있을 것이다.

"여보게, 내가 대신해서 전화를 걸어주지. 문제될 것이 없어. 내가 인터뷰를 하겠네. 자네는 가만히 앉아서 지켜보게나. 걱정할 것이 없네. 경험이 많은 친구에게 자네 대신 보상 플랜을 설명하도록 하겠네"

이는 한마디로 말해서 잘못된 것이다. 한가지 실제 예를 들어 보자.

어느날, 한 남자가 산누에 나방의 누에를 발견하고는 신나서 그것을 집으로 가져 와서는 나방이 탄생하는 것을 지켜보았다. 얼마 있지 않아, 고치가 조금씩 열리기 시작했다. 그리고 몇시간 동안 나방은 나오려고 애를 쓰고 있었지만 몸뚱아리가 어느 한 지점을 통과할 수 있을 것 같지 않았다.

무엇인가 잘못되었다고 생각한 그 남자는 가위로 누에의 방해가 되는 부분을 잘라내었다. 고치는 쉽게 빠져나올 수 있었지만 작고 허약한 날개에 비해 몸이 크고 부풀어 있었다. 그 남자는 곧 나방의 날개가 펼쳐지며 웅장하고 아름다운 자태를 드러낼 것이라고 기대했지만 나방은 그렇게 하지 못했다.

장엄한 모습을 드러내는 대신에 그 나방은 작고 허약해서 못쓰게 된 날개와 퉁퉁 불어서 보기 흉한 몸뚱이를 끌고 다니며 살려고 발버둥치고 있었다.

그 나방은 이내 죽었고 그 남자는 나방의 운명을 슬퍼했다.

그는 나방이 기형이 된 것과 뜻하지 않게 죽은 원인을 알지 못했다. 나방은 꽉 조이는 누에고치와 작은 구멍을 빠져나오려고 애쓰면서 자연적으로 나방 몸 속에 있는 액체를 날개를 형성하는 데 사용하게 된다. 이 생물의 고통은 생존과 완성을 위해 반드시 필요한 일이었다.

'자비로운' 가위질이 실상은 가장 잔인한 가위질이 된 것이었다.

여기, 이 교훈을 이해시키기 위해 내가 때로 하는 이야기가 있다.

당신이 우리 회사에 참여할 때, 당신은 독립 디스트리뷰터 양식에 서명을 했습니다. 종속 디스트리뷰터 양식에 서명한 것이 아닙니다.

따라하기 — 계속해서 늘리기

내가 일을 하는데 있어 도구를 사용하는 일차적인 이유는 이 도구들은 따라하기가 쉽기 때문이다. 이 도구들은 누구든지 사용하기가 쉽다.

모든 사람들이 제품에 대해 전문가가 될 수는 없다. 또한 모든 사람들이 네트워크 마케팅에 대해 전문가가 될 수 있는 것도 아니다. 그러나 모든 사람들이 도구를 사용하는데 있어서는 완벽한 전문가가 될 수 있다.

나는 게으르다보니 도구에 전적으로 의존하지 못한다. 내가 도구를 사용하는 이유는 2가지. 첫째, 올바른 정보를 같은 방식으로 반복해 전달하는 임무를 도구가 나보다 더 훌륭히 수행한다. 둘째, 내가 사업에 참여시킨 사람들 누구나가 이 도구들을 사용할 수 있기 때문이다.

나는 도구를 이용해 나의 성공적인 활동을 쉽게 복제시킬 수 있다. 그리고 이는 다른 사람들과 더불어 '나의 결과'를 증식시킬 수 있게 한다. 또한 이렇게 함으로써 사람들은 그들의 조직 사람들과 더불어서 같은 방식으로 결과를 계속해서 증식시킬 수 있게 된다.

도구는 예상고객에게도 편리하다. 그들이 원할 때, 원하는 곳에서 자유롭게 테이프를 듣거나 볼 수 있고 책이나 브로슈어를 읽을 수 있다(이 이야기는 많이 들어본 것이 아닌가? 그럴 것이다. 이는 이 사업을 하는 방법이다).

따라서 나는 예상 고객 1명당 할애하는 시간을 줄이면서 같은 시간에 더 많은 예상고객에게 연락을 취할 수 있다.

또한 '임무에 맞는 도구를 사용하라'는 것을 명심하라. 기계와 마찬가지로 도구마다 각기 다른 기능이 있으므로 목적에 따라 도구를 선택해야 한다. 사람에게도 마찬가지이다. 각 개인의 필요, 환경, 스타일에 도구를 맞추어라. 이것이 '임무에 적합한 도구 사용법'이다. 즉, 융통성을 가지고 현명하게 도구를 선택해라.

또한 도구를 사용하면 반복적인 설명이 가능해 내가 반복해서 같은 이야기를 되풀이할 필요가 없게 된다. 이렇게 반복적으로 같은 이야기를 되풀이하는 일은 나를 미치게 만들곤 했었다.

이제 단순히 도구를 활용함으로써, 똑같은 일을 하는 사람들의 '거대한 네트워크 조직체'를 구성하는 방법을 이해할 수 있겠는가?

도구의 활용은 사람들을 사업에 활발하게 참여할 수 있도록 해준다. 신규 디스트리뷰터를 훈련시켜 모든 제품과 회사의 역사, 임무, 네트워크 마케팅, 보상 플랜 등등에 대해 지식을 습득하는데 얼마만큼의 시간이 걸릴 것인가? 최소한 수개월은 걸릴 것이다.

나는 앞서 수년간 이 사업을 해온 사람들도 이 사업을 제대로 이해하지 못한다는 이야기를 했었다. 그러나 도구는 즉각적으로 이해를 돕는다. 도구는 신규 회원들이 성공적이고 경험 많은 프로처럼 달려나갈 수 있도록 도와준다.

즉, 도구는 입증된 전문가이며 이윤을 내는 당신의 동업자다.

당신의 경우를 생각해 보자. 포커스는 다운라인들이 첫번째 성취단계를 달성하는데 있다. 그들이 달성할 수 있다는 가능성을 깨닫게 하는 것이 당신의 임무이다. 그들에게 당신이 원하는 것을 찾도록 만들지 마라. 그들이 원하는 것에 초점을 맞추어라.

그들의 임무를 조금 더 늘려주어라. 그렇다고 그들의 능력 이상으로 해서 실패하게 해서는 안된다. 그들을 승자로 만들어라. 그들에게 코치, 스승, 트레이너, 그리고 치어리더가 돼 주어라.

모든 사람들은 다르다는 점을 명심해야 한다. 어떤 사람들은 60일만에 5명을 데려올 수 있다. 그러나 어떤 사람은 사업을 시작한지 첫주에 이러한 성과를 거두기도 한다. 그들과 함께 가능성을 개발해라. 그리고 나서, 당신 둘이 함께 어떻게 목표를 달성할 수 있을 것인가를 계획하라.

여기서 주목할 것은 당신 두사람 이라고 말한 점이다. 신규 회원을 혼자 있게 하지 마라. 이유는? 왜냐하면 당신은 그들이 바로 성공을 거두기를 바라고 있기 때문이다(그들의 성공은 당신 두 사람 모두에게 이익을 가져다준다). 또한 당신은 그들이 당신이 했던 방식 그대로 그들의 조직 사람에게도 해 주기를 바라기 때문이다.

따라 하기와 증식시키기
따라 하기와 증식시키기
따라 하기와 증식시키기
따라 하기와 증식시키기
따라 하기와 증식시키기

이 작업을 당신이 정상에 설 때까지 멈추지 말아라.

CHAPTER NINE

네트워크 마케팅 옥토지대

준비되었는가? 그렇다면 여기 당신의 성공을 크게 차별화 시킬 수 있는 강력한 방법을 알아보자.

이 방법 중 일부는 내가 과거에 성공적으로 사용했던 간단한 조언과 기술들이다. 또 다른 일부는 엄청난 효력을 지니고 있는 개념으로 당신이 이 사업에서 성공하기 위해 필요한 속도와 힘에 커다란 차별화를 가져올 수 있다.

이 모든 것들을 하나로 결론지은 것이 네트워크 마케팅의 옥토지대이다. 엄청난 효력을 지닌 개념의 첫번째는 '실천' 이다.

확인과 실천

사실을 직시하자: 도구를 제공해 주었더라도 계속해서 확인하지 않거나, 실천하지 않는다면 그 도구는 아무런 효용이 없게된다. 실천은 사람들이 이 사업을 시작하면서 가장 잘 잊어버리는 단일 요소이다. 이 사업에서 성공하지 못하는 사람들을 만나보면 100가지 문제점 중 99가지는 부적절하고 부적합한 확인과 실천에

있다. 나는 확인 전화를 많이 한다. 이렇게 확인 전화를 하는 이유는 간단하다. 우선, 확인전화를 하면서 현재 상황을 설명해주고 싶기 때문이다.

당신이 누군가와 먼저 이야기를 나눌 때 당신이 사용하는 대화기법이 무엇이든, 당신의 우선 목적은 교감의 형성에 있다.

지금까지 잘 되었는가? 그렇다면 당신의 예상 사업 동반자에게 다시 전화를 하는 첫번째 목적은 무엇인가? 교감을 재형성하기 위해서다.

통화가 되면 곧바로 이야기하기에 좋은 시간인지 확인하라 (시간이 괜찮은지 상대방의 마음을 헤아려 보려고 애 쓸 필요는 없다. 그냥 물어보아라. '이야기 나누기에 시간이 괜찮으시겠습니까?'). 만약 당신이 이렇게 묻지 않았다면 당신이 10분간 대화를 나누었다고 해도 '소귀에 경읽기' 식으로 불만족스러운 경우가 될 수 있다. 또한 상대방을 매우 짜증나게 만들 수도 있다. 이는 분명 '거절' 당할 방문이므로 시간이 괜찮은지 우선 확인해 보도록 한다. 만약 시간이 좋지 않다면 다음에 더 나은 시간으로 정하도록 한다.

"안녕하세요?"라고 이야기를 시작한다. 그리고 상대방이 정말로 잘 지냈는지 알아본다. 만약 상대방을 아직 직접 만나보지 못했거나, 또는 최근에 만나고 나서 이번이 두번째 연락을 하는 것이라면, 당신은 지난번 이야기를 마쳤던 지점으로 이야기를 이끌어야 한다.

이제는 당신이 보낸 정보를 상대방이 실제로 받았는지 확인해 볼 차례이다. 종종, 우편물이 당신이 생각했던 것보다 빨리 도착하지 않는 경우가 있다. 상대방이 당신이 보낸 자료를 받아서 읽었거나 들었거나 보았다면, 물어보아라. "어떻게 생각하십니까? 관심이 있는 부분은 무엇이었습니까?"

내가 전화를 사용하는 이유

내가 확인 작업에서 전화를 사용하는 이유는 상대방의 인식 때문이다. 이는 내 사업 기회를 판매사업으로 인식시키지 않으려는 전략의 하나이다.

어떤 책의 제목에 다음의 문구가 포함돼 있다.

"당신의 인생은 곧 일입니다". 이것은 "네트워크 마케팅은 전화로 하는 부업이 될 수 있다"는 내 사업방식을 알려주기 위한 메시지이다.

의사는 다음과 같은 진단을 내렸다 : 드록모톤씨는 만성적인 업라인 증후군을 앓고 있습니다.

과거의 네트워크 마케팅은 일주일에 3번~5번 정도의 사업설명회와 1~2번의 모임을 가졌었다. 그러나 이러한 관행은 사라져 가고 있다. 당신은 사람들에게 어떻게 이 사업이 그들의 일상생활 방식에 적합한가를 보여주어야 한다. 그리고 그들에게 자신이 원하던 인생을 이룰 수 있는 방법을 설명해주어야 한다. 이것으로 내 사업 방식이 따라할 수 있는 방식 —또한 사람들이 스스로 따라할 수 있다고 자신할 수 있는 방식— 이라는 것을 확인시켜 준다. 어쨌든 사람들이 이 사업에 참여할 수 있어야 한다.

이 때문에 나는 전화로 사업을 한다. 또한 전화 통화는 갈등이 적고, 덜 위협적이다. 대부분의 사람들은 강력한 자아상을 가지고 있지 못하다. 그들은 자존심이 부족하다. 그들은 나만큼 판매 경험이 없으며, 정식 사업설명회를 적절하게 할 수 있는 준비가 돼 있지 못하며 그렇게 할 수도, 할 의지도 갖고 있지 않다.

그래서 나는 여기서 이야기한 도구들만을 사용한다. 이 도구 사용은 누구든지 할 수 있다. 더욱이, 따라하기가 간단하고 쉬워서 다운라인이 계속해서 똑같이 따라할 수 있다.

여기 도구 및 전화를 사용한 인식시키기의 또다른 방법이 있다.

시간 — 지렛대 사업을 설명하라

누군가에게 책, 카세트 또는 비디오를 건네주는데 얼마정도의 시간이 소요될까? 수분간이면 될 것이다. 맞는가?

그렇다면 누군가를 정식으로 사업 설명회에 참석시켜 당신의 사업, 제품, 기회에 대해 설명하는데 어느 정도의 시간이 소요될까? 30분, 45분, 1시간 또는 그 이상?

지금 당신이 알고 있는 사람 중 여유 시간이 많은 사람이 몇 명이나 되는가? 나는 당신이 주부를 대상으로 하든, 대기업의 대표를 대상으로 하든 상관하지 않는다. 아무도 그만큼 여유 있는 시간을 낼 수 있는 사람은 없기 때문이다. 따라서 정상적으로 시간을 사용하면서 전화로 단 몇분만에 확인전화를 할 수 있는 사업을 그들에게 소개한다면, 당신은 그들의 관심을 더욱 많이 끌 수 있다. 또한 그들의 서약을 쉽게 받을 수 있다.

여기에 대해서 잠시 생각해 보자. 어떤 사업에 당신은 더욱 이끌리는가?

누구든 자신이 하고 있는 사업에서 성공하기를 바란다. 성공하는 사람들은 바쁜 사람들이다. 그러나 바쁘고 성공한 사람이라고 해서 시간이 없는 것은 아니다. 만약 당신이 최소의 시간을 투자해 성공적인 네트워크 마케팅 사업을 할 수 있는 방법을 설명한다면 그들을 사업에 참여시킬 가능성은 높아진다.

나는 전화통화로 내 시간의 99%를 보낸다. 사실, 내가 알고 있는 사람들 중 이 사업에서 많은 수입을 올린 모든 사람들은 대부분의 일을 전화로 처리한다.

격언에 이런 말이 있다.

"내가 행한 대로 하지 마라. 내가 말한 대로 행하라!"

그러나 이 말이 인생의 모든 부분에서 맞는 것은 아니다. 특히 네트워크 마케팅에서는 맞지 않다. 당신이 사람들에게 무엇이라고 이야기하든, 그들은 아마도 당신의 행동을 보고 그대로 따라

할 것이다. 따라서 표본을 보이는 것이 이 사업에서는 매우 중요하다. 왜냐하면 사람들은 당신이 행하는 노력을 모방하기 때문이다. 당신이 전화를 하는 것은 당신의 업무인 동시에 당신의 모든 사업 동반자들에게 표본을 보이는 것이다.

물론, 얼굴을 마주 대하고 만나는 것이 적절하고 생산적인 경우가 있다. 당신과 같은 지역에 살고 있는 사람들의 경우나, 당신이 교육을 하기 위해 그 지역으로 여행을 할 경우에 그러하다. 그러나 당신이 실질적으로 사업을 하고 있을 때에는 사람들이 당신에게, 또는 당신이 사람들에게 연락을 취할 수 있는 가장 효율적인 방법은 전화의 이용이다.

약속을 만들어라 또는 사업을 하라

많은 사람들은 '약속을 정할 때에만 전화를 사용하라' 고 배웠다. 나는 여기에 반대한다. 네트워크 마케팅에 참여하기 이전의 판매 경력을 통해 나는 전화를 이용해 시간을 효과적으로 이용하는 방법에 대해 많은 것을 배웠다.

판매를 할 때 나는 전체 대화 과정을 검토했었다. 약속을 한다. 이때에 얼마간의 시간이 소요된다. 그리고 나서 30분 정도 차를 몰아 그 사람을 만나러 간다. 약속한 사람을 만나서 한 시간정도 이야기를 나눈다. 다시 30분 정도 차를 몰아 다음 약속 장소로 간다. 이때 소요되는 시간을 전부 합해 보면 2시간이다. 이 정도의 시간이라면 나는 전화로 6명에서 8명 정도의 사람들과 이야기를 나눌 수 있다. 즉, 전화의 이용은 내 개인의 생산성 면에서 놀라운 차이를 가져온다.

한가지 탁월한 '전화 도구'는 지역 모임에서 사용하는 스피커폰이다. 당신은 당신 회사의 사장이나 돈을 많이 벌고 유명해진 업라인의 초특급 후원자가 당신의 모임에 들러주기를 바라는가? 그렇다면 스피커폰으로 전화를 사용하라. 당신 시계를 그 사람의 시계에 맞춰놓고 약속된 시간에 전화를 해서 모여있는 사람들과 이야기를 나누도록 하라. 약속한 상대방에게는 조그만 일이지만 당신이나 그날 모여있는 사람들에게는 커다란 효과를 가져온다. 나는 이러한 방법을 전국의 디스트리뷰터 그룹에게 사용했고 그 효과는 대단했다. 멋진 인상을 심어주었다. - "그들이 단지 우리와 이야기하기 위해서 전화를 했다!" - 이러한 방법은 거실에서 그룹의 자존심을 높이는데 놀라운 효과를 거둘 수 있다.

당신 시간의 가치는?

자신의 시간에 대해서 알아야 할 또 한가지 사항은 자신의 시간 가치는 얼마인가 하는 것이다.

네트워크 마케팅에 종사하는 사람들은 많은 경우에 자신의 소득에 대해 큰 기대를 한다. 그렇다면 여기서 당신이 해야할 일이 있다. 당신 스스로를 위해 그리고 다른 사람들을 위해—.

당신이 밖에 나가 벌어들일 소득에 대해 기대하는 것과 비례해 오늘 당신의 시간 가치를 매겨라.

당신이 매달 5000달러씩 벌고 싶다면, 당신의 시간 가치는 ―오늘, 지금 당장― 매달 5000달러짜리가 되는 것이다. 당신은 아마도 10달러짜리 일을 하는 50달러 짜리 사람에 대해 들어보았을 것이다. 만약 당신의 목표가 매달 5000달러를 벌면서 매주 당신의 사업에 10시간을 투자할 의지가 있다면 당신의 시간 가치는 매주 1200달러짜리이며 이는 시간당 100달러가 넘어간다. 나는 시간당 100달러를 버는 택시 운전기사나 리무진 운전기사를 보지 못했다. 이러한 이유로 전화를 효과적으로 사용하는 것은 당신에게 매우 가치 있는 일이라고 말할 수 있다.

나는 심지어 전화를 이용해 효과적으로 교육을 한다. 내 방식은 다음과 같다.

내 조직에 있는 모든 사람들에게 전파상 같은 곳에서 비싸지 않은 장치를 구매하도록 한다(그곳에서는 15달러 정도면 된다). 그 장치는 전화 대화를 녹음할 수 있는 테이프이다. 이는 전화 잭이 달려있는 코드인데 전화선에 플러그를 연결시키고 또다른 한쪽은 녹음기에 연결시킨다.

나는 시간을 할애해 누군가를 교육시킬 때에는 그 사람의 전화 대화 내용을 반드시 듣고 싶어한다. 그러나 일반적인 사람은 대화 내용의 25%~30%만을 기억하고 있다. 따라서 전화 대화를 테이프에 녹음하면 그 사람은 대화 내용을 일일이 기억해야 할 필요가 없다. 그는 대화에만 주의를 집중할 수 있게 된다. 그가 대화에 집중하는 것이 바로 내가 바라는 것이다.

대화를 테이프에 녹음하고 나면, 시간이 가장 적합할 때 차안이나 어디서든 반복해서 테이프를 들을 수 있다. 이는 계속해서 대화 내용을 강화시켜 주며, 궁극적으로는 매우 편리한 방법으로, 사람들이 대화내용을 메모해두거나 결국에는 잊어버리게 될 무언가를 기억하려고 애쓰지 않아도 된다.

물론, 당신은 모든 종류의 대화를 녹음해 둘 수 있다. ―당신의 후원자가 당신에게 한 이야기뿐만 아니라 자신 스스로의 이야기도 들을 수 있다. 나는 이 방법이 예상고객과 만날 때나 내 후원자와 함께 3자 통화를 할 때 유용하다는 것을 깨달았다. 우리는 자신의 이야기를 들을 기회가 거의 없다. 그러나 자신의 이야기를 녹음한 테이프를 이용해 지금까지 다른 방법을 통해서 깨닫지 못했던 사실들을 깨달을 수 있게 되었다. 즉, 내가 이야기를 할 때, 별로 효과적이지 못한 이야기 습관(예를 들어 '에~에'와 같은 말을 너무 자주 사용하는 등)과 기타 도움이 되는 습관들을 알게 되었다.

나는 심지어 사람들에게 자신들의 대화내용을 녹음해 보내도록 한다. 나는 그 테이프들을 ―내가 편리한 시간에― 듣고 나서 돌려주면서 그들이 현재보다 더 나아질 수 있도록 도와준다.

대화를 녹음하는 것은 효과적인 도구이다. 그러나 놀랍게도 많은 사람들이 이 방법을 사용하지 않고 있다. 하지만 당신도 알다시피, 모든 사람들은 성공하기를 바란다. 나는 내 곁에 테이프 녹음기와 전화기가 있다는 것이 기쁘다.

후원자의 의미

당신이 사업에 참여시킨 사람들은 누구인가?

이 질문에 대한 내 대답은 딱 한가지로 '그들은 내 동업자들' 이다.

이 답변과 더불어 네트워크 마케팅이 내게 가르쳐 준 것이 있다면 그것은 놀라운 동업자들 ―공통된 목표를 향해 노력하는 동반자 관계의 사람들― 의 힘이다. 이는 무엇보다도 우리 사업이 추구하는 바이다.

길라잡이 동료들이여. 당신의 동업자들은 무엇보다도 가장 강력한 도구이다. '후원자(sponsor)'라는 단어는 그리스어에서 유래한 것으로 '대부 또는 대모'의 의미를 갖고 있다. 대부 또는 대모란 대자(代子)에게 정신적, 재정적인 지원의 책임이 있는 사람을 말한다. 바로 이것이 네트워크 마케팅에서 말하는 후원자의 의미이다.

내 친구 존 포그는 가끔 동양의 신비주의자와 같이 말하는데 만물은 동전의 앞, 뒷면처럼 음과 양, 앞과 뒤가 있다고 했다. 존은 네트워크 마케팅에서 제공하는 엄청난 자유의 앞면에는 이와 동등하게 조화를 이루는 뒷면이 있는데 이것은 책임이라고 했다.

내게 있어 책임이란 내가 후원하고 있는 사람들과 동반자 관계를 형성하는 것이다. 내 임무는 내 동업자들이 이 사업에서 원하는 대로 성장할 수 있도록 도와주는 것이다. 그리고 이는 중요한 결과를 낳는다. 즉 성장하는 것이다.

개인 성장 사업

개인 성장과 발전은 네트워크 마케팅 사업에서 꽃을 피운다.

여기에는 이유가 있다. 결국은 '사람 사업'인 이 사업에서 성공과 직결되어 있는 것은 '사람들을 통해, 사람에 관해 배운 지식과 통찰력'이기 때문이다. 네트워크 마케팅에서 가장 성공한 사람은 개인적 발전과 조직원들의 발전에 열정적인 사람들이다.

내 그룹내에는 개인적, 직업적 성장에 관한 책과 특히 테이프가 사람들 사이에서 항상 오고 간다. 나는 계속해서 웨인 다이어의 테이프와 스테판 코비의 테이프를 내 조직 사람들에게 보낸다. 나는 사람들에게 그들 스스로에 대해서나 사업에 대해서 더욱 많은 이해를 가져다 줄 수 있는 것을 발견하면 그것이 무엇이든지 구매해 사람들에게 발송한다.

또한 이 점을 기억하라. 오늘 대학을 졸업한 사람이 내일 공부를 중단하면 그 이후로는 무식쟁이가 될 것이다.

80/20 규칙

나는 내가 후원하고 있는 사람들 모두와는 동업자 관계를 맺을 수 없다. 따라서 ?파레토 규칙?을 살펴보자. 이는 '80/20 규칙'이라고도 알려져 있는데 이 규칙을 내 사업에 적용시켜 보면 다음과 같다.

내 조직에 참여하고 있는 사람들 중 20%가 나의 그룹 생산량—이는 물량, 금전, 모집인원 등의 측면에서의 생산을 말한다— 의 80%를 책임지고 있다는 것이다. 네트워크 마케팅에서는 효율성을 중시하므로 가장 큰 결과를 낳을 수 있는 사람들에게 나의 모든 시간, 에너지, 노력을 투자해야 한다.

따라서 내 시간의 80%를 '20% 사람들' —내 조직의 활동가들— 에게 할애하는 것이다. 나머지 20%는 남아있는 80%의 사람들 중에서 활동가의 범주에 속하고자 원하는 사람들을 개발하고, 20%에 속할 수 있는 새로운 동업자를 물색하는데 할애한다.

내가 판매직에 있을 때 나는 사람들이 이 시장의 원리에 결코 맞서 싸우지 않음을 알게 되었다. 이 말은 만약 당신이 매출이 부진한 시기에 놓여 있을 경우, 시장의 원리를 바꾸기 위해 광고 비용을 버리지 말라는 것이다. 내 친구 중에 성공한 투자가 친구가 있는데 그가 말하길 "나는 결코 다우존스 평균 주가와 맞서 대항한 적이 없다. 그리고 연방 준비 은행과 맞서 싸운 적도 없다"고 했다.

60년대로 거슬러 올라가면 약간 다르게 들리지만 비슷한 표현이 있다.

"물 흐르는 대로 가라"고.

당신의 시간과 노력을 당신 조직의 생산가이자 활동가인 상위 20%에 투자할 경우 당신은 가장 높은 수입을 올릴 수 있게 된다. 이들이 바로 이윤을 생산하는 당신의 동업자들인 것이다.

협력은 공동의 목표에 기초한다

강력한 협력관계를 형성하기 위해 필요한 2가지 요소는 '공동의 맹세와 목표' 다.

'맹세' 라는 단어가 다시 나왔다. 이는 진정으로 당신의 성공에 있어서 중요한 요소이다. 당신들 각자가 '상대방이 무엇에 노력을 기울이고 있고, 상대방의 맹세가 무엇인지' 알지 못한다면 협력은 이루어질 수 없다. 위대한 성공을 이루겠다는 맹세가 없는 사람이라면 나와 함께 일하고 싶어할지라도 나는 그들과 함께 일할 시간을 낼 수가 없다. 또한 맹세는 크면 클수록 더욱 좋다. 이런 말을 들어본 적이 있는가?

만약 당신의 목표가 담장을 맞추는 것이어서 담장을 겨냥한다면— 당신은 성공할 수도 있고, 성공하지 못할 수도 있다. 그러나 만약 당신이 달을 향해 쏘면 당신은 나무 꼭대기는 맞출 수 있다.

이러한 이유 때문에 나는 굳건한 맹세와 커다란 목표를 원한다.

내가 앞서 목표를 '황금'에 비유했던 것을 기억하고 있는가? 목표는 바로 황금이다. 왜냐하면 당신의 성공에 있어서 목표는 그만큼 귀중하기 때문이다.

마크 야넬은 우리 업계에서 진정한 슈퍼스타 중의 한 사람이다(마크는 4년도 되지 않아 백만장자가 되었으며, 현재 월 20만달러 이상의 수입을 벌어들인다). 그는 자신의 성공에 있어 열쇠는 자신보다 더 큰 목표를 세우는 것이었다고 말한다. 마크는 미국 유나이티드 웨이(지역 주민을 돕기 위한 자원 봉사자, 기증자, 자선가들의 전국가적 단체)에 가장 많은 기금을 냈으며, 네바다주 레노에 최첨단의 약물, 알코올 치료센터를 건립했다. 이는 자신보다 더 큰 목표를 지녔기 때문에 가능한 일이었다. 마크는 말하기를,

자신의 개인적인 부(富)보다는 더 큰 선(善)을 위해 일했기 때문에 보다 많은 지지를 받을 수 있었고, 그의 꿈을 이룰 수 있는 큰 힘을 부여받았다고 말했다. 나는 이 말에 동감한다.

여기서의 요점은 당신의 동업자와 당신은 서로의 맹세와 목표를 공유해야 한다는 것이다. 여기에서 협력관계가 기초한다. 이것이 또한 성공할 수 있는 힘을 부여한다.

협력 관계의 실례

3자 통화는 협력을 행동으로 보여주는 완벽한 예이다. 3자 통화는 내가 처음 사업을 시작했을 때부터 지금까지 수없이 해오고 있다. 또한 내 조직에 있는 모든 사람들에게 3자 통화를 하도록 열심히 권한다.

3자 통화는 간단하다. 시내 통화 요금에다가 월 3달러~4달러 정도만 추가하면 또 1명을 추가해 3사람이 동시에 통화를 할 수 있다. 이 장치를 통하면 당신은 조직내에서 예상 고객에게 처음으로 전화하는 새로운 사업자를 완벽하게 도울 수 있다. 소개받은 당신이 ―대부분의 이야기를 이끌어 가면― 그들 자신이 원하는 결과를 얻을 수 있는 가능성이 더 높아질 뿐만 아니라 이 과정을 통해 훈련도 받게 된다.

예상고객에게도 이 사업은 혼자서 하는 것이 아니라는 인상을 심어줄 수 있다. 즉 경험 있는 후원자가 도와주고 있다고 인식시킬 수 있다. 이는 새로운 사람에게 매우 좋은 인상을 주는 것이다. 당장, 그들은 이 사업에서 협력과 지원을 받을 수 있다는 것을 느끼게 된다. 이는 좋은 일이다.

그렇지만, 누군가가 자신을 대신해서 전화를 걸어달라고 내게 부탁을 하면 나는 거절한다. 그러나 그들과 함께 전화를 하는 경우는 언제든지 기꺼이 응한다. 당신은 사람들에게 고기를 주거나 아니면 그들 스스로 자립할 수 있도록 고기 잡는 법을 가르쳐줄 수 있다. 나는 고기 잡는 것을 좋아한다. ―그리고 다른 사람들에게 어디에 고기가 있는지 가르쳐 주는 것을 좋아한다.

협력을 행동으로 옮기는 또 다른 예는 동료 제도이다. 이 방법은 당신 그룹내의 사람들을 2명씩 짝을 지워 서로가 사업을 구축하는데 있어 지원과 협조를 제공하며 함께 일하게 하는 것이다.

나는 이러한 동료들 중에서 매일 서로의 진전 상황을 교환하며, 문제점을 발견하고 해결하는 사람들을 보았다. 이는 '둘의 머리를 합치면 한 사람보다 낫다'는 말처럼 협력을 통해 사업을 더욱 쉽게 할 수 있는 또 다른 방법이다.

정보 출처

당신은 어디에서 새로운 예상고객들을 찾고 만나는가?

우선, 당신이 자주 들르면서 즐기는 곳을 검토해라. 만약 당신이 박물관을 자주 방문한다면 그곳에서 찾아보아라. 나는 훌륭한 디스트리뷰터 몇몇을 내 야구 친구들 중에서 우선적으로 찾아냈다.

다음은 지도자 그룹을 찾아보아라. 교회, 종교단체, 시민, 사회단체, 조직망 그룹들(사교단체, 조찬회 등), 스포츠클럽, 각종 모임들, 토스트매스터(연회석상에서의 축배 제의자), 데일 카네기, 체중조절센터, 온천욕 및 헬스클럽, 지역 상공회의소, 협회 등등. 이 모든 단체들은 당신의 사업 기회에 관심을 갖고 있는 성공적인 사람들을 만날 수 있는 좋은 장소들이다.

또는 '목표 시장'을 겨냥해 당신의 제품이나 사업 기회와 생활 환경이 들어맞는 특정 사람이나 그룹을 선정할 수 있다. 집에서 아기를 키우고 있는 여자가 좋은 예이다. 그들은 부수입을 벌고 싶어하지만 대부분의 직장에서 일하려면, 아기를 다른 사람의 손에 맡기고 출근을 해야 한다. 만약 당신이 그들에게 일석이조의 더 좋은 방법을 제시한다면 어떠하겠는가.

당신이 우편주소록 중개인을 통하면 연락을 취해보고 싶은 사람이나 그룹의 이름, 주소, 심지어 전화번호까지 얻을 수 있다. 만약 당신이 50세의 미망인으로 일년에 3만2628달러 미만의 소득이 있고, 살고 있는 집 값의 87%가 지불되었으며 핸디캡이 10 이하인 골프 실력을 갖고 있는 사람들의 명단을 원한다면 그것은 가능하다. 단지 창의적으로 당신이 원하는 사람들을 선정하라. 중개인 명단은 전화번호부에 나와 있다. 광고 대행업체와 신문사에서도 중개인 명단을 제공받을 수 있다.

물론 사람들을 끌 수 있는 방법 중에 가장 좋으면서도 저렴한 것은 회사의 제품을 공개적으로 이용하는 것이다. 식당에 앉아서 테이블 위에 이 제품 또는 저 제품을 꺼내어 놓으면 분명히 다른 손님들이나 종업원이 질문을 해 올 것이다. 이때 부끄러워하지 마라. 단지 당신의 제품을 보여주면서 인간적인 호기심을 자극하라.

비영리 단체 또한 잠재적인 네트워크 구축 자료의 풍부한 정보원이 된다. 교회, 꼬마 야구 단체 등등은 항상 돈을 벌 수 있는 방법들을 찾고 있다. 당신의 제품과 사업기회가 그들에게 효과가 있을까? 그들을 만나서 가망성을 타진해 보아라.

좋은 취직자리를 찾고 있는가? 이렇게 시도해 보아라(당신의 회사가 Q라고 하자). "혹시 당신에게 Q사에 참여하도록 제안한 사람이 없었습니까? …없었습니까? …정말 이상하군요. 당신은 ○○분야에서 정말로 지식이 높은 분인데" 이렇게 이야기하고 나서 상대방의 반응을 살펴 보라.

"정말요? 왜 그렇게 생각하시죠?"

이제 당신은 분명 상대방의 관심을 잡은 것이다.

색인의 힘

정보 출처를 선별하는데 창의적인 면이 중요한 것과 마찬가지로 더욱 중요한 것은 당신 자신만의 '인적 자료 은행'을 색인해서 만들어 놓는 것이다.

'색인' 이란 무엇을 뜻하는가?

간단하다. 당신이 사람들과 대화를 나눌 때마다 그들의 관심사에 대해 가장 중요한 부분을 메모해둔 것이다. 또한 기억하라. '가장 중요한 것' 은 그들에게 가장 중요한 것을 말한다.

예를 들어, 생일(그 사람의 생일뿐만 아니라 아내, 남편, 아이들의 생일), 기타 그들에게 중요한 날짜들, 취미, 그들이 특별히 신경을 쓰고 있는 관심사, 자녀의 운동이나 예술 성취도 등 무엇이건 그들에게 중요한 것으로 여겨지는 사항들을 말한다.

그리고 무엇보다도 가장 중요한 것은 그들의 WITHEM과 관련된 것들이다. ―즉 그들이 성취하고 습득하고, 달성하거나 이루기 원하는 것들, 다시 말해서 그들에게 '성공'을 의미하는 것들이다.

성공적으로 색인을 하려면 3가지 중요한 요소가 있다.

1) 이러한 중요한 개인적 요소에 대해 당신의 귀를 계속해서 열어 놓아야 한다.

2) 이러한 요소들을 대화 도중이나 전화를 끊은 직후 또는 헤어진 직후에 메모해 두는 습관을 키워야 한다. 또한

3) 이러한 요소들을 잘 정리해 항상 찾아볼 수 있도록 해야 한다.

당신이 어떤 형태로 색인을 해도 좋다. 가장 공통적인 형태(그리고 가장 공통적으로 효율적인 형태)는 파일 박스(3×5 짜리 카드), 노트북 또는 다이어리나 다이어리식 계획표 등이다. 기억하라. 당신이 색인을 하는 가장 중요한 이유는 당신이 다음에 그 사람과 이야기를 할 때 즉각 정보들을 찾아볼 필요가 있기 때문이다. 따라서 개인 색인 자료들을 명확하고 일관성 있게 정리해 두어야 한다.

광고 : 말 이상의 힘

마크 트웨인이 이런 말을 했었다.

"광고를 하지 않는 상점에는 거미가 마음놓고 거미줄을 친다"

영업직에 종사하던 때가 기억난다. 소규모 사업자들이 상점을 열고, 선반에 물건을 진열하고 직원을 고용하며, 크고 멋진 간판을 내건 다음 그곳에 서서 손님들이 문을 열고 들어서 주기를 기다리고 있는 것을 많이 보았다.

그러나 손님이 제 스스로 알아서 물을 열고 들어와 주지는 않았다.

내가 보아온 성공한 사업가들은 한발 앞서 행동하는 사람들로 새로운 사업을 쫓아 다녔다. 네트워크 마케팅에서도 마찬가지이다. 계속해서 새로운 사업을 쫓아다니는 사람이야말로 더 많은 돈을 계속해서 벌어들일 수 있는 사람들이다.

또한 이윤을 사업에 재투자하는 것도 중요하다. 이러한 재투자는 두 곳으로 이루어져야 한다. 한 곳은 전체 그룹 생산량의 80%를 담당하고 있는 20%의 사람들이다. 나머지 한 곳은 당신의 사업을 구축하기 위한 것이다. 즉 당신의 사업에 참여시킬 새로운 사업 구축자를 찾는 일이다.

이 업계에서 가장 성공한 사람은 매달 자신의 사업에 20%에서 30%를 재투자한다. 이것이 그들의 사업을 계속해서 키워나가는 비결이다.

그들은 무엇에 투자하는가? 여기 내가 시도해 본 매우 효과적인 방법이 있다.

광고이다. 광고를 제대로 할 경우 놀라운 투자 효과가 있다. 지역 신문에 내는 간단한 광고들은 많은 예상고객들을 모을 수 있다. 의사나 엔지니어 같은 특정 분야의 사람들에게 구체적인 광고를 하라. 나는 제목에서부터 멋지게 관심을 끄는 광고를 만들었다.

전업 주부들에게—. 모든 시간을 가족들과 함께 지내면서 부업으로 300달러에서 500달러를 버십시오.

나는 독자들에게 무상으로 정보 자료를 나누어주고, 음성 사서함 번호를 알려주어 전화를 할 수 있도록 했다. 여기에 덧붙여서, 국내에서 파산한 전체 인구 중 85%가 매달 부수입으로 250달러를 벌었을 경우 파산을 면할 수 있었다는 사실을 상기시켜 주었다.

그러나 이와 같은 광고를 할 경우에 '가능한 소득의 액수'는 현실적이고 납득할 만한 것이어야 한다. 이는 예상고객에게 얘기할 때에도 마찬가지이다. 듣거나 보는 사람들이 광고에 제시된 소득 액수가 현실성이 있다고 느껴야 한다. '60일만에 1만달러의 부수입'과 같은 광고는 대부분의 사람들에게 현실성이 없다. 내가 지키고 있는 광고 규칙은 이렇다.

6개월에서 1년간 부업을 해서 사람들이 현재 연간 벌어들이는 소득의 1/3(또는 내가 추산한 액수)을 벌 수 있다고 말한다.

다음은 이 사업에서 일하고 있는 다른 사람들이 소득액수를 이용하여 광고한 예이다.

부업으로 한 달만에 500달러에서 1000달러를 버십시오.

아무리 작은 광고라도 비용이 많이 든다. 왜냐하면 대부분의 간행물들은 많은 사람들에게 전달되기 때문이다. 따라서 창의적인 방법으로 비용을 줄이면서 광고를 할 수 있는 다른 방법들을 생각해 볼 수 있다.

우선 비용을 생각해 보자. 〈USA TODAY〉지에 하루 200달러씩 10일동안 7단 짜리 광고를 게재한다면 총 2000달러가 든다. 그러나 창의력을 한껏 발휘해, 이러한 광고 경로를 약간 달리함으로써 큰 성과를 거둘 수도 있다.

예를 들어, 거리 광고는 어떠한가? 광고를 여러 장 복사해 전신주나 마을 게시판에 붙여 놓는 것이다. 이렇게 시도한 내 광고는 성공해서 수많은 문의를 받았다. 광고 내용은 다음과 같다.

먹고 싶은 음식을 즐기면서 원하는 만큼 체중을 줄이십시오. 다음의 번호로 전화를 하시면 녹음된 안내문을 들으실 수 있으며 견본품을 무료로 받으실 수 있습니다.

또 한가지 방법은 단추(button)를 이용하는 것이다. 나는 단추인간(button person; 졸개, 마피아 등의 하급단원)은 아니지만 단추가 효과 있다는 것은 시인한다. 단추 이외에 다른 형태를 사용해도 원리는 똑같다.

나는 단추보다는 실크 스크린 한 셔츠를 선호한다. 깔끔한 그림과 함께 전달할 내용을 명확하게 셔츠에 인쇄하라. 그러면 사람들이 당신에게 다가와서 그 셔츠에 대해 물어볼 것이다.

내 친구 도리스 우드는 멋지게 이 방법을 사용했다. 도리스는 철물점에 가서 커다란 크리스탈 문고리를 샀다. 그녀는 어디를 가든지, 이 문고리를 꺼내어서 카운터 위에 올려놓았다. 식당에 가면 그녀 옆 테이블 위에 올려놓았다. 그녀가 가는 곳은 어디든지 문고리를 꺼내어 보이는 곳에 놓아두었다.

자, 만약 어떤 사람이 앉아있거나 서있는 동안에 가방에서 커다란 크리스탈 문고리를 꺼내어 자신 앞에 놓아두는 것을 보았다면, 당신은 그냥 지나칠 것인가, 아니면 그것이 무엇인지 물어볼 것인가? 사람들은 항상 도리스에게 물었다.

사람들이 물어보면 도리스는 다음과 같이 대답했다.

"아, 이것은 제게 사람들이 가나다 회사에 참여하면 항상 경제적 자유의 문이 활짝 열려 있다고 알려주어야 할 것을 상기시켜 준답니다"

바로 그것이었다. 사람들은 부쩍 호기심이 나서 도리스에게 더 자세하게 이야기해 줄 것을 부탁했고 도리스는 바쁘게 뛰어다녔다.

또 다른 방법은 컴퓨터 게시판(bbs)이다. 많은 네트워커와 미래의 네트워커들이 이 전자 메시지 센터에 접속한다. 컴퓨터와 모뎀을 갖추고 있다면 당신도 여기에 접속해서 게시판에 광고를 게재하라. 비용은 신용카드로 결제할 수 있고 컴퓨터와 모뎀이 있는 모든 사람들이 당신의 제안에 관심이 있으면 당신의 광고를 볼 것이다. 이는 효과적인 광고 전략이다.

명함은 또 하나의 훌륭한 전략이 된다. 만나는 모든 사람들로부터 명함을 반드시 받아라. 비행기에서, 식당에서, 가게에서, 그리고 당신이 만난 서비스 업체로부터 명함을 받아라.

전화벨도 울리지 않는 어느 한가한 오후에 명함철을 꺼내어 전화를 하라. 분명히 이 방법은 적중한다. 다른 이유가 없다면 당신의 전화를 받은 사람들은 당신이 자신의 명함을 보관하면서 자신을 기억하고 있다는 것에 놀라움을 금치 못하면서 기뻐할 것이다(그러나 역으로는 효과가 없다. 만약 당신의 명함을 받은 사람이 집에 돌아가서 당신의 명함을 꺼내어 당신에게 전화를 할 것이라고 기대했다가는 분명 실망하게 될 것이다).

우선, 나는 특별한 명함을 만들어 주차한 차의 운전석 옆 창문에 꽂아 두었다(이때 차는 값비싼 스포츠카를 선택해 명함을 남겨놓았다). 명함에는 다음과 같이 적어놓았다.

"만약 귀하의 집 뒷마당에 금이 묻혀 있다고 확신한다면 금을 파내기 위해 2년 동안 시간제로 일하시겠습니까? 무료로 보물지도를 받으시려면 전화를 하십시오"

그리고 나서 전화번호를 적어놓았다. 이때 전화 번호는 음성 사서함 번호를 사용했는데 여기에 안내문을 녹음해서 전화한 사람들이 메시지를 남겨놓도록 했다. 그리고 광고에 "이 전화 번호에는 안내문이 녹음되어 있습니다, 또는 음성 사서함입니다"라고 반드시 명시해 놓아야 한다. 그렇게 하면 사람들이 전화할 가능성이 더 많아진다. 왜냐하면 사람들은 전화 받을 상대방이 물건을 팔려는 판매원이 아니라는 것을 깨닫게 되기 때문이다.

메시지를 녹음해 두면 당신의 시간을 효율적으로 사용할 수 있으며 전화한 사람들을 선별해 관심을 가지고 있는 사람만을 가려낼 수 있다. 당신은 이 사업에 진정으로 관심을 가지고 있는 사람들과 이야기하고 싶어한다. 또한 이런 사람들에게 당신의 기회에 대해 할 수 있는 한 많은 정보를 체계적으로 전달하고 싶어한다. 당신이 시스템을 개발해 사람들이 부수입을 벌 수 있거나 직장을 가질 수 있도록 도와줌으로써 많은 사람들에게 큰 영향을 미칠 수 있다.

다시 한번, 당신은 그들에게 테이프, 브로슈어, 편지, 심지어 어떤 경우에는 제품 샘플 등과 같은 도구들을 편지와 함께 보낸다. 그 뒤 상대방이 받은 도구들을 읽고, 보고, 맛을 보는 등등 검토해 볼 수 있도록 며칠간 여유를 주고 나서 상대방에게 전화해 당신이 보낸 도구들 가운데 가장 관심 있는 것이 무엇인지 물어본다.

이외에 유용한 전략이 또 한가지 있다. 이러한 도구들을 특급 우편으로 발송하라. 특급 우편으로 하면 전 국토를 횡단한다고 하더라도 일반적으로 이틀이면 우편물이 당도한다. 또한 이러한 우편물은 특급 인상을 심어준다. 우편물 한 꾸러미에 3달러 정도(이 책을 쓸 당시 기준이다)인데, 이 가격은 패더럴 익스프레스나 유피에스 넥스트 데이 에어를 통해 우편물을 발송하는 것보다 훨씬 저렴하다.

위대한 세금의 나라

많은 경제 전문가들은 사업체를 소유하는 것, 특히 소규모로 집에서 사업을 하는 것이 미국의 일반인이 세금 공제를 받으면서 사업을 할 수 있는 마지막 분야라고 말한다.

여기서는 가내 기업가들이 얼마정도 세금 감면을 받을 수 있는지 자세하게 따져보지는 않겠다. 회계사와 상담하라. 회계사는 당신의 특정 상황을 적용해 어떠한 세금 감면을 받을 수 있는지 나보다 더 잘 알고 있다. 그러나 네트워크 마케팅에서 일하고 있는 사람들에게는 다음과 같은 혜택이 적용된다.

• 자동차— 차를 당신의 사업에 사용할 경우 차량 비용을 전부 또는 일부를 공제 받을 수 있다.

• 주택— 주택 임대료나 주택 구입 대출자금 일부를 사업비용으로 공제 받을 수 있다. 이는 주택을 사무실과 제품 창고로 사용하기 때문이다. 그러나 이 점을 주의하라. 만약 당신이 집을 팔 경우 당신은 고정자산 매각 소득을 본 것으로 간주된다.

• 여행— 당신이 어디로든, 어떠한 이유에서든 사업차 예상 고객을 만나거나 인터뷰, 또는 교육 목적으로 여행을 할 때에는 사업비용으로 처리되어 세금 공제를 받을 수 있다.

• 기타— 컴퓨터, 사무실 전화, 차량 전화, 자동응답기,

VCR 등 사업 장비를 구매할 경우 세금공제를 받을 수 있다. 전화요금, 회계, 법률 상담료, 심지어 잔디깎이(회의를 집에서 할 경우) 등과 같은 서비스 요금도 공제가 가능하다.

당신의 자녀를 고용해 재고관리, 팩스 송신, 사무실 청소 등을 시켰을 경우에도 세금 공제 혜택을 받을 수 있으며, 이외에도 여러 가지가 있다.

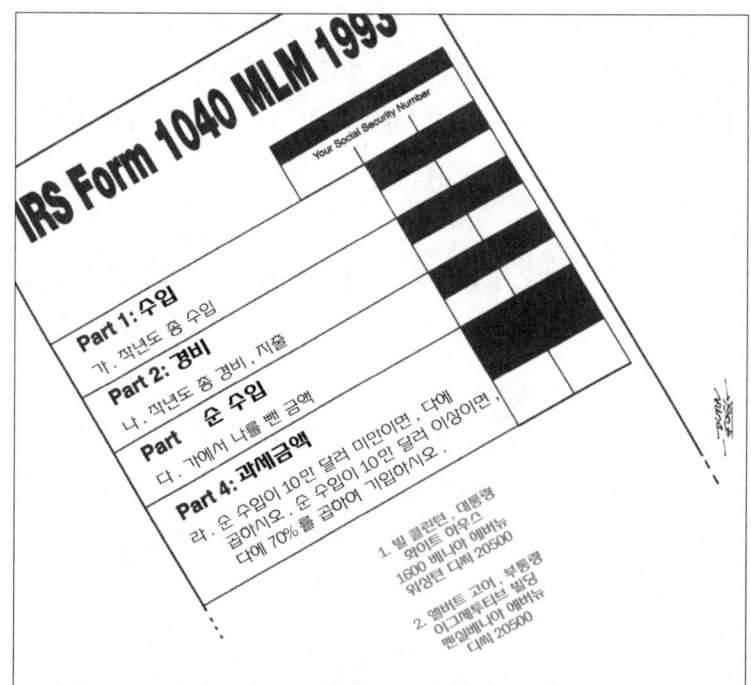

IRS Form 1040 MLM 1993

Your Social Security Number

Part 1: 수입
가. 작년도 총 수입

Part 2: 경비
나. 작년도 총 경비, 지출

Part   순 수입
다. 가에서 나를 뺀 금액

Part 4: 과세금액
라. 순 수입이 10만 달러 미만이면, 다에 곱아시오. 순 수입이 10만 달러 이상이면, 다에 70%를 곱하여 가입아시오.

1. 빌 클린턴 대통령
   화이트 하우스
   1600 베니어 애버뉴
   위싱턴 디씨 20500
2. 앨버트 고어, 부통령
   이그제투티브 빌딩
   펜실베니아 애버뉴
   디씨 20500

준수사항 : 과세 금액(4부의 라항의 금액)을 당신의 명단 첫번째에 있는 사람에게 우체국 지급 보증 수표로 보낼 것. 그 사람의 이름을 지우고 당신의 이름을 명단의 맨 아래에 적을 것. 10부를 복사하여 24시간 안에 10명의 친구들에게 발송할 것. 10일 안에 당신은 국가의 채무를 변제할 수 있을 것이오.

금융 전문가이자 베스트셀러 작가인 찰스 기브스는 네트워크 마케팅 사업 참여에 대해 독특한 시각을 가지고 있다. 그는 모든 사람들이 MLM 회사를 자신의 유가증권에 포함시키도록 권한다. '이는 투자와 같은 것'이라고 기브스는 말한다. 왜냐하면 네트워크 마케팅은 집에서 사업을 하면서 구체적으로 세금 혜택을 받을 수 있는 가장 저렴한 방법이기 때문이다. 멋진 방법이 아닌가.

그의 저서 〈안전하게 돈벌기〉와 속편인 〈안전하게 더 많이 돈벌기〉에는 세금 혜택을 받을 수 있는 멋진 방법들이 가득 들어있다. 이 책을 구해 자주 읽으면서 참고해라. 매우 귀중한 자료이다.

시간, 시간, 시간

시간에 관해 기억해야할 2가지 중요한 사항이 있다.

첫번째: 이 사업을 하는 대부분의 사람들은 시간제로 일한다. 그리고...

두번째: 미국에는 4개의 서로 다른 시간대가 있다(여기에는 하와이와 알라스카는 포함돼 있지 않다).

내가 여기서 무엇을 말할 것인지 이해하겠는가? 이 정보를 기억하고서 예상 고객들에게 전화할 시간 계획표를 짤 수 있고 추후 확인 전화를 6시 이후 저녁 시간에 할 수 있다. 전화를 할 때에는 전화통화하기에 편한 시간인지 물어보는 것을 잊지 마라. 왜냐하면 까딱 잘못하면 저녁식사 시간을 방해할 수도 있기 때문이다. 나는 새로운 사람들에게 전화를 할 때에는 저녁 10시 이후(그들 시간으로)에도 통화가 괜찮다는 것을 알기 전에는 10시 이후에 전화하지 않는다.

당신의 활동 시간을 앞·뒤로 (당신의 거주 지역에 따라 다르다) 조절해 일하라. 그러면 적절한 시간에 사람들과 통화할 수 있다. 사소한 시간 계획표 때문에 당신의 전화를 성공적으로 수행하는데 커다란 차질을 가져올 수 있다.

계획표는 매일 매일 짜라. 이것은 절대적인 의무이다. 네트워크 마케터들은 조직적인 생활을 하는지 못하는지에 따라 생사가 판가름난다.

데이빗 클레이보어는 네트워크 마케터들을 위해 파워라인 시스템이라고 불리우는 독특한 계획표를 개발했다. 다른 계획표들도 있다. 당신에게 가장 적합하고 종교적인 측면에서도 사용할 수 있는 계획표를 찾아라. 내가 장담하건데, 이 계획표는 당신의 직업과 성공에 지대한 공헌을 할 것이다.

파티 타임

내 생각에는 네트워크 마케팅이 사회적 측면에서 마땅히 받아야 할 관심을 제대로 받고 있지 못하는 것 같다. 세계적으로 가장 만연한 퇴행성 질환은 '외로움' 이라고 한다.

우리는 인정에 굶주린 사회에 살고 있다. 왜 사람들이 좋아하는 스포츠 팀이나 사교 클럽에 가입하는지 아는가? 사람들은 인정

받는 것에 대해 다음과 같이 말한다.

"아기는 인정받기 위해 운다. 어른은 인정받기 위해 죽는다"

내가 알고 있는 거의 모든 사람들은 인정을 받는 것을 가치 있는 일로 생각한다.

각자가 요리 한 접시씩을 가지고 와서 하는 저녁 식사 모임이나, 공원에서 하는 픽업 게임(공이 땅에 떨어지자마자 낚아채는 게임), 해변 파티, 수영장 파티, 바비큐 파티와 같은 사회 모임들은 모두 우리 사업이 주는 가장 큰 혜택을 자랑할 수 있는 훌륭한 장이 된다. 예상고객을 회의가 아닌 파티에 초대한다고 상상해 보라. 사람들이 처음 네트워크 마케터들과 자리를 같이하고 나서 항상 말하는 소감은 네트워크 마케터들은 믿기지 않을 정도로 놀라운 사람들이고 함께 한 것이 즐겁다는 것이었다. 그들이 이렇게 말하는 이유가 무엇인지 아는가? 사실이기 때문이다.

사람들에게 이 사업을 소개하는 가장 효과적인 방법은 디스트리뷰터들의 파티에 그들을 초대하는 것이다. 사람들에게 사업 기회에 대해 설명하느라 애쓰지 말아라. 느긋하게 뒤로 물러나 앉아서 즐겨라. 행복하고 성공한 사람들과 함께 하면서 즐겁게 몇 시간을 보내고 나면 그들은 커다란 목표를 가지게 될 것이다. ―아니라면 그들은 당신이 함께 일하며 즐길 수 있는 사람들이 아니다.

이외에도, 사교 모임이나 파티는 당신의 그룹을 위해서도 필요하다. 만약 내게 파티나 교육 중에서 1가지를 택하라고 한다면 나는 항상 파티를 택할 것이다. 이는 파티를 통해서 더 짧은 시간 안에 더 많은 교육을 할 수 있으며 교육에 대한 부담감을 전혀 느끼지 않기 때문이다.

파티는 위대하다.

사업전시회는 훌륭하다

사업전시회는 매우 효과적이다. 당신도 이 사실을 깨닫게 될 것이다. 적합한 전시회에 참가하면 전시자의 입장에서든, 구경을 하는 관람자의 입장에서든, 사업을 할 수 있는 기회가 많다. 나와 함께 일하고 있는 일부 최고의 리더들과 사업 구축자들은 사업전시회에서 알게 된 사람들이다.

사업전시회는 다른 전시자들이나 관람자들과 교감을 형성하고 친목을 도모하는데 목적이 있다. 나는 사업전시회에 참여할 때는 항상 즐거운 마음으로 임한다. 내가 즐거워해야 사람들이 나와 이야기하고 싶어하기 때문이다. 기억하라. 당신과 당신의 사업에 대한 인상은 당신의 인격과 행동에 달려있다.

내가 전시장에서 전시자에게 하는 이야기가 한가지 있다.

"제가 당신의 다음 번 사업전시회에 보조금을 받을 수 있는 방법을 제시한다면, 제가 제안할 방법을 검토해 보실 의향이 있으십니까? 저는 전문 네트워크에서 일하고 있는데 다음 번 전시회에서 당신과 함께 비용을 분담할 수 있는 방법을 논의해보고 싶습니다"

여기서 제안을 할 때 상대방에 대한 의문점을 풀어야 한다. 이 사람이 다음 번 사업전시회 전까지 이 사업에 참여해 얼마간의 결과를 창출해야 이 사람에게 100달러에서 200달러 정도를 투자할 가치가 있겠는가 하는 것이다. 이 방식은 상대방과 함께 사업전시회를 하기로 결정하기 전에 상대방에 대한 얼마간의 검토를 요구한다.

당신이 부스를 설치했을 경우에는 제품과 사업기회를 소개하는 전시자로서 사업전시회에 참여한 것이다. 이 경우 나는 전시회를 그 지역 디스트리뷰터들과 공동으로 참여하고 싶어한다. 때로 우리는 공동으로 행사를 주관하고 함께 일을 추진하지만 나는 그들을 위해서 일하는 것을 더 좋아한다. 왜냐하면 이 사람들은 내 조직에 있는 사람들이기 때문에 그들을 위해 수고하는 것이 결국 내 조직을 위해 일하는 것이기도 하기 때문이다.

부스를 멋지게 치장할 필요는 없지만 다른 부스보다 더 많은 효과를 내기 위해서는 몇가지 필요한 것이 있다. 커다란 컬러 사진들과 보고 만지고 가능하다면 사용해 볼 수도 있는 제품들, 사업기회와 제품을 설명한 회사 도구들, 그리고 관심 있는 예상 고객들을 위해 네트워크 마케팅에 관한 일반 브로슈어, 책자, 테이프 등이다.

그리고 전 부스의 관심을 끌 수 있는 물건들을 이용한다. 예를 들면 금화(물론 가짜), 책자와 테이프 복사본 등, 무엇이든 사람들의 관심을 끄는 것들을 갖다 놓는다.

커다란 현수막에 회사이름과 함께 광고문구를 한가지 적어놓는 것도 좋은 방법이다. 광고문구는 예를 들어 뒷마당에 있는 금광에 대한 것이나, "전업 주부들이 부업으로 300달러에서 500달러를 벌 수 있다" 등과 같은 문구를 전시회 성격에 따라 골라서 사용한다. 한번은 현수막에 커다란 토끼가 알록달록한 무늬의 셔츠를 입고 음료수를 마시며 발을 얹어 놓은채 쉬고 있는 그림을 그려놓았다. 그리고 그림의 제목으로 다음과 같이 써놓았다.

"휴가를 즐기고 있는 것이 아닙니다. 저의 일상 생활입니다"

여기에다 현수막과 같은 그림이 있는 셔츠를 준비했다. 사람들은 이 셔츠를 너무 좋아했다.

부스를 설치할 때는 당신의 부스가 눈에 띄도록 조명을 반드시 설치해야 한다. 또한 당신이 서 있을 자리에 카페트를 깔도록 한다. 하루종일 콘크리트 바닥에 서서 발이 아픈 것보다 괴로운 것은 없다(이 장치는 부스를 설치하는 전시 용역업체에게 요청하면 된다).

부스는 깔끔하고, 전문적이며 간단하게 꾸며야 한다. 또한 열정적이면서 재미있어야 한다. 당신의 인상을 심어준다는 것을 기억하라.

사업전시회의 효과는 엄청나다. 왜냐하면 전시회는 수백, 수천의 사람들을 당신이 찾아 나서는 것이 아니라, 그들이 찾아오기 때문이다. 또한 당신은 이 기회를 통해 사람들과 수많은 이야기를 나누면서 프리젠테이션 기술을 세련되게 만들 수 있다. 분명, 사업전시회의 효과는 강력하다고 할 수 있다. 당신이 한번의 사업전시회로 200여명의 이름과 열성적인 10명의 예상고객을 얻었다면 이는 가치 있는 전시회다. 즉 시간적으로 매우 효율적인 전시회라고 할 수 있다.

또 한가지, 내가 직접 시도해 본 것은 아니지만 다른 사람들이 시도해서 효과적이었던 방법이 있다. 사람들의 관심을 끌기 위해 상품을 내거는 것이다. 뉴욕에 있는 친구는 그의 회사가 매년 제공하는 여행기회를 얻게 되자 이 여행권을 부스에 등록한 사람들에게 상품으로 내걸었다. 여기에 힘입어서 그는 그 달에 최고의 실적을 쌓았다. 그 여행 상품에는 5명이 경쟁하도록 했는데 수많은 신규회원들이 경합을 벌였고 이들 모두가 훌륭한 출발을 하는 계기가 되었다. 이 경합에서 상품을 탔던 사람은 지금까지도 그의 주요한 리더중의 한 사람이다.

창의력을 발휘하라. 당신의 관심을 끄는 것이 무엇인지 생각해 보아라—그리고 다음번 전시회에서 시도해 보아라.

어떤 전시회가 가장 좋을까? 물론 사업 설명회가 가장 좋다. 여기에는 부수입이나 새로운 사업기회를 찾기 위해 찾아오는 관람객들뿐만 아니라 전시자들도 새롭고 획기적인 사업기회에 대해 귀를 기울인다. 물론 다른 전시자들도 당신의 관심을 끌기 위해 애를 쓰겠지만 전시회는 어디까지나 전시회이다.

당신의 제품에 따라서 소비자 전시회도 좋은 효과가 있다. 건강한 인생을 위한 엑스포는 전국을 순회하며 많은 도시에서 개최되는데 건강한 생활을 위한 제품과 서비스에 초점을 맞추고 있다. 이러한 전시회들은 건강보조식품과 관련된 사업에 있어서는 더할 나위 없이 좋은 기회이다. 이밖에 미용가들을 위한 전시회도 대형 전시회이다. 당신이 이용하는 미용실에서 전시회 일정을 알아보아라.

다른 전시자들에게 어느 전시회가 가장 좋은지 문의해 볼 수도 있다. 그들 대부분은 모든 전시회에 참가한 경험이 있기 때문에 수년간의 경험을 바탕으로 전시회 선택 방법 등을 지도해 줄 수 있다. 그들에게 당신의 제품이나 사업 기회에 대해 조언을 부탁하는 것과 마찬가지로, 선택 방법을 검토해 보아라.

여기서 명심할 것은, 모든 사람들이 부수입을 벌 수 있는 기회를 찾고 있다는 것이다. 당신이 다른 전시자들에게 시간제로 일하면서 재미있게 시간과 돈을 절약할 수 있는 도구들을 사용해 사업을 쉽고 효과적으로 하여 500달러에서 1000달러를 벌 수 있는 방법을 제시한다면 그들은 신이 날 것이다

그외 다른 전시회들은 어떤 것이 있을까? 세인트 루이스에서는 직장 여성들을 위한 전시회가 열리며 수많은 체인점 쇼가 있고 건강 및 체력관리 전시회도 많이 개최된다. 주요 호텔 영업부나 컨벤션센터에 문의하면 앞으로 있을 여러 종류의 전시회를 알아볼 수 있다.

물물교환

물물교환을 한다고 하면 놀라는 사람이 많은데 나는 그 이유를 모르겠다. 물물교환은 네트워킹 사업을 확장하는데 매우 효과적인 방법이다.

북미 전역에는 물물교환 그룹과 조직망이 있다. 이 단체들은 당신의 사업 기회에 대해 널리 알릴 수 있는 완벽한 방법이며, 교환의 대가로 좋은 제품과 서비스를 받을 수 있다.

즉, 물물교환은 제품을 유통시키고 제품 사용자를 신규 디스트리뷰터로 전환시킬 수 있는 좋은 기회이다.

돈에 대해서 말하지 말라

앞서 "전업 주부들은 300달러의 수입을 올릴 수 있다"와 같은 광고를 할 때에는 수입 금액이 적절해야 한다고 이야기했었다. 따라서 한 달에 500달러에서 1000달러와 같은 예를 들어서 적절하면서도 믿을 수 있는 금액을 말하도록 조언했다. 그러나 사실, 나는 거의 금액을 구체적으로 말하지 않는다.

그 이유는, 불확실성 때문이다. 당신이 말한 금액이 당신이 대상으로 삼고 있는 사람에게 적절한 경우는 드물다. 만약 상대방에게 5000달러를 벌 수 있다고 말했는데 상대방이 그 이상의 돈을 쓰는 사람이라면 그는 관심을 잃을 것이다. 아무리 시간적 자유가 그의 관심을 끈다고 하더라도 말이다. 이번에는 5000달러의 반도 벌지 못하는 사람들에게 이야기한다면 그들은 믿지 않을 것이다.

사람들이 원하는 것은 돈이 아니다. 비록 사람들이 돈을 원한다고 생각하지만, 사람들이 실제로 원하는 것은 돈으로 살 수 있는 것들이다. 따라서 나는 항상 사람들이 원하는 액수를 그들이 진정으로 원하는 특정 사항에 연결시킨다. 즉, 자녀들의 대학 교육, 바닷가의 그림 같은 집, 여행, 여유 시간, 자녀, 배우자와 함께 보낼 수 있는 더 많은 시간. 나는 항상 사람들이 왜 그 돈이 필요하며 왜 이 사업에 참여하는지 조명해 본다. 그 이유는 사람들마다 각양 각색이다.

돈은 사람들에게 동기를 부여하지 못한다. '희망'이 동기를 심어주는 것이다.

그릇된 기대감

이 사업을 중도에서 포기하는 가장 큰 이유중의 하나는 잘못된 기대 때문이다. 즉, 사업에 참여할 때의 동기가 현실에 바탕을 두지 않았기 때문이다. 따라서 당신은 최선을 다해서 신규 사업자들이 네트워크 마케팅 사업의 현실에 입각한 적절한 기대수익을 잡도록 도와주어야 한다.

가장 중요한 열쇠는 진실이다. 사람들은 다른 사람의 진실성을 판단하는 본능적인 능력이 있다. 경험자라면 진실을 판단할 수 있는 식견과 능력을 가졌을 것이다. 당신이 사업의 초보자라면 상위라인과 의논해 어떤 기대감이 현실성이 있는 것이며 어떤 것이 허황된 것인지 알아 보라. 네트워크 마케팅에 전혀 경험이 없는 사람이 3개월만에 6만달러를 번다고 한다면, 이는 분명 엉터리다.

그러나, 한가지 흥미로운 '문제점'은 이 사업에서는 실제로 초보자가 3개월만에 6만달러를 번 사람이 있다는 것이다. 그러나 매우 극히 드문 예이다.

덧붙여서, 이러한 수입을 자랑하는 사람이 있다면, 재빨리 의심해 보아라. 단기간에 그만큼의 수입은 선취 수수료에서 온 것이다. 다시 말해서 다른 사람의 수입을 빼앗아 온 것이거나 아니면 다른 회사의 리더로 있던 사람이 그 회사를 떠나면서 자신의 다운라인들을 새 회사로 데리고 온 경우이다.

당신이 처음 신규 회원들과 일을 할 때에는 신규 회원들이 이 사업에 투자하고자 하는 시간과 열정, 노력을 점검해 보고 그들과 함께 얼마정도의 수입을 기대할 수 있는지, 그리고 언제 가능한지, 수입계획을 짜보아라. 계획은 가능한 방대하게 짜되, 현실에 바탕을 두고 있어야 한다. 그래야만 후에 있을 수도 있는 실망을 완화시킬 수 있다. 이렇게 함께 세운 계획을 건전한 사업방식으로 실행에 옮김으로써 신규 디스트리뷰터들은 시작뿐만 아니라 앞으로도 사업을 잘 해나갈 수 있게 된다.

만약 어떤 사람이 당신의 프로그램에서 전환했는데, 즉 그만두고 다른 네트워킹 회사로 옮겨갔다면 기존의 조직을 살려두면서 그 조직을 계속 키워 나갈 것을 권유하라. 그들에게 이미 만들어 놓은 조직을 망치지 않을 수 있는 방법을 알려 주어라. 또한 자신이 수고한 대가를 계속해서 거두어들이면서 더욱 안전한 잉여 수입을 자신의 수입원에 추가할 수 있는 방법을 알려 주어라.

분명, 어떤 사람들은 이러한 제안을 받아들이려고 하지 않을 것이다. 그러나 이러한 시도는 가치 있는 일이다. 이는 서로가 모두 손해 볼 수 있는 상황을 모두에게 득이 되는 상황으로 전환시킬 수 있는 최상의 방법이다.

도구에 대한 조언

책 전체에서 도구에 대해 이야기했다. 그렇다면, 어떤 사람에게 어떤 도구가 적절한지 의문이 일어날 것이다. 지금부터 그 의문에 대해 생각해 보자.

　'모범'이나 '귀감'에 대한 책들을 통해 당신과 이야기를 나누는 상대방을 평가하는 방법을 배울 수 있다. 이러한 책자들은 오디오 테이프나 비디오 테이프, 또는 다른 형태로 되어 있을 수 있다. 상대방에게 적절한 도구를 결정할 때는 상대방에게 질문을 해알아보는 것이 좋다.

　"조, 오디오 테이프를 들으시겠습니까. 아니면 비디오를 보시겠습니까. 또는 책을 읽으시겠습니까?"

　이 질문으로 모든 것이 해결된다. 상대방에게 적절한 도구를찾기 위해서 신경언어학 프로그래밍 전문가가 될 필요는 없다. 질문을 해서 어떤 도구가 가장 상대방에게 적합한지를 알아볼 수 있다. ―그러면서 상대방에게 선택권을 주는 것이다.

　또한 도구들을 이용해 그 사람의 진정한 관심사가 무엇인지파악할 수 있다. 나는 이 도구들 덕택에 시간을 절약할 수 있었다.

　사람들에게 이 도구들을 듣거나, 읽거나, 보도록 할 때는 시간 제한을 두어야 한다. 사람들은 다급한 느낌이 없으면 이 도구들을 검토하는데 몇 주 아니면 몇 달이 걸리거나 아예 끝내지 못하는수도 생긴다. 물론, 관심 없는 사람에게 시간을 낭비하고 싶지는않을 것이다. 따라서 처음부터 판단을 잘해야 한다. 비디오를 보거나 카세트를 듣는데 24시간 여유를 주면 사람들을 행동으로 옮기게 하는데 효과적이다. 나는 이렇게 말한다.

"프랭크, 이 테이프를 금요일까지 돌려주어야 하네. 다른 사람에게 빌려주기로 약속했거든. 그때까지 이 테이프를 다 들을 수 있겠지?"

　찰스 포식은 일명 '대여 도서관' 도구들을 훌륭하게 이용했다. 그는 모든 도구들을 실험해 어떤 도구가 언제 어디서 어떤 사람에게 가장 효과적인지를 파악했다. 그는 그의 다운라인을 위한 도구 도서관을 차려놓고 다운라인 디스트리뷰터들이 이 도구들을 구매하기 전에 대여해 사용하면서 자신의 다운라인에게 어느 것이 가장 효과적인지를 알아볼 수 있도록 했다. 또한 찰스는 단체 구매, 큰 폭의 할인 등을 통해 다운라인들이 최상의 투자 효과를 거둘 수 있도록 했다. 이는 찰스가 조직내 디스트리뷰터들을 진정으로 도울 수 있는 훌륭한 제도이다.

성공 방정식

　성공을 공식으로 간단하게 나타낼 수 있다.

$$R = AR \times ACP$$

　'R'은 달성한 결과이며, 이는 실천률(AR; Action Rate)에 적절한 원리 하에서 이루어진 실천(ACP; Action under Correct Principles)을 곱한 것이다. 그럼 다시 살펴보자.

결과 = 실천률 × 적합한 원리하의 실천

이는 다시 말해서, 실천에 옮기되 적합한 실천일 경우에만 결과를 얻을 수 있다는 것이다. 원하던 결과를 이루지 못했을 경우, 먼저 실천률을 점검해 본다. 자신 또는 자신이 관리하고 후원하는 다운 라인의 사람 중 누군가가 적절하게 실천을 했는지 알 수 있을 것이다. 적절하게 실천을 하지 않았다면 즉각 실천하도록 해라. 만약 적절한 실천이 있었다면, 문제는 적합한 원리 하에서 실천되었는지에 있다.

때로 적합한 원리하에 실천에 옮겨졌는지 판단하기가 어려울 때가 있다. 어떤 원리가 필요하고 어떤 원리가 필요치 않은가? 어떤 원리가 빠졌는가? 이러한 질문들은 초보자들이 답하기 어려울 수도 있다.

이 책에서는 간단하면서 건전한 원리를 제시하고 있다. 이 원리들은 수백만달러를 번 많은 사람들에게 효과적이었다. 이것이 시작이다. 그러나 여전히 자신의 방법에서 무엇이 부족한지 이해되지 않는다면 당신의 후원자나 상위라인 리더들과 상의해 당신의 방식을 점검해 보아라. 그들은 당신이 방식을 조정해 적절하게 실천함으로써 성공할 수 있도록 통찰력을 길러줄 것이다.

보여주기와 말하기

협조적인 상위라인을 가지고 있는 것보다 더 좋은 것이 있다.

본인 스스로가 적극적이고 협조적인 상위라인이 되라.

당신은 조직의 성공에 지대한 영향을 끼친다. 그 영향력을 자신은 느끼지 못할 수도 있다.

조직의 사람들과 실험을 통해서 당신이 후원자로서, 어떻게 자동적으로 리더의 위치에 있게 되는가를 살펴보자. 엄지손가락과 검지손가락 끝을 맞대고 원을 만들면 오케이 사인이 된다. 이 원을 사람들에게 보여주고 그들도 똑같이 오케이 사인을 만들도록 한다. 그 원을 당신의 볼에 갖다댄 다음 손을 턱 쪽으로 내리면서 사람들에게 똑같이 오케이 사인을 볼에 갖다 대라고 말한다. 그리고 무슨 일이 일어나는지 지켜보아라.

당신 조직의 사람들이 당신처럼 턱에다가 사인을 갖다대고 있는 것을 보게 될 것이다. 당신은 분명히 볼에다가 사인을 갖다 대라고 말했다.

이는 당신이 말한 것은 중요하지 않다는 것을 보여준다. 중요한 것은 당신의 행동이다.

즉 보여주기와 말하기 가운데 힘이 있는 것은 보여주기이다. 조직의 사람들은 당신의 행동을 보고 따라한다. 이는 네트워크 마케팅의 가장 심오하고 강력한 원리이다. 네트워크 마케팅은 질과 양의 게임이다.

질이라고 하는 것은 적합한 사람들과 적절한 일을 하는 것이다. 양은 적절하게 일을 하되 필요한 만큼 충분히 하는 것이다.

솔직하게 이야기해서 이 사업에서 성공을 하지 못한 것에는 변명의 여지가 없다.

진심으로 이야기하건대, 내가 성공할 수 있다면 당신도 할 수 있다. 누구든지 할 수 있다.

균형의 문제

한번은 매우 충격적인 기사를 읽은 적이 있다. 이 기사의 의미를 지금은 이해하고 있지만 말이다. '6만4000달러짜리 문제' 라는 퀴즈쇼에서 상금을 탄 사람들 중에 대다수의 사람들이 상금을 타기 전보다 더 나쁜 상황에 처했다는 것이다. 이는 미국에서 복권에 당첨된 대다수 사람들의 경우에도 마찬가지였다.

흥미롭지 않은가? 이유를 알겠는가? 나는 MLM 복권에 당첨된 많은 네트워크 마케터들이 몇 년 못가서 빚더미에 올라앉고 불행한 사람들로 전락한 경우를 많이 보았다.

이는 "균형"이 열쇠이다. 맨 처음부터 이 사업을 하면서 당신 생활의 모든 면에 균형을 이루어야 한다. 수입과 지출의 균형을 맞추는 것은 시작에 불과하다. 육체와 정신, 감정의 균형을 이루어라. 이 사업은 많은 노력을 요한다. 몸과 마음을 모두 사용하되 정열적으로 사용해야 한다. 따라서 건강하고 행복한 생활을 위해서는 신체 활동, 식습관, 운동으로 균형을 이루어야 한다.

또한 이 사업을 하면서 일과 즐거움이 균형을 이루어야 한다. 많은 네트워크 마케터들이, 특히 많은 수입을 벌기 시작하면 이 사업에 너무나 열정적이고 심각하게 몸을 바치다 보니 즐거움을 잃게 된다.

나는 네트워크 마케팅 사업을 하면서 즐거움을 더 많이 추구했다. 이 사업을 하기 전에 즐겼던 시간보다 더 많이 여행을 하고 놀기도 하고, 함께 즐길 새로운 친구들을 발견하면서 말이다. 이렇게 한 것은 처음부터 즐거움을 최우선 과제로 삼았기 때문이었다. 내가 네트워크 마케팅을 하기 위해 다른 사업을 그만 둔 것은 바로 이 즐거움 때문이었다. 내가 고수하는 한가지 절대적인 규칙이 있다.

즐거움을 찾아라. —이것은 의무이다.

일과 가족간에 균형을 이루어라. 이 양쪽에 균형을 맞추지 못한 사람들을 보아왔다. 대부분은 가족들에게 신경을 제대로 쏟지 못했다. 내가 '자신의 인생을 소유' 한 커다란 기쁨중의 하나는 이 사업을 하면서 아내 보니와 아이들과 함께 보내는 시간이 더 많아졌다는 사실이다. 그것은 가장 큰 즐거움이었다. 다시 이야기하지만, 내가 우선적으로 네트워크 마케팅 사업을 택한 것은 가족들과 더 많은 시간을 지낼 수 있기 때문이었으며, 여기에 항상 우선권을 두고 있다.

당신도 이와 같이 할 것을 권한다. 인생은 너무 짧다. 아주 많이 짧다. 가족들과 즐겨라.

균형은 네트워크 마케팅이 사람들에게 주는 선물이다. 이는 개인적인 척도를 도리에 맞게 바로잡을 수 있는 기회를 준다.

대부분의 사람들은 —그들이 회사 창립자든, 회사 대표든 학생, 가전제품 엔지니어, 또는 학교 선생님이든— 이러한 위대한 제안을 받은 것은 일생에서 처음일 것이다.

이를 제대로 실행에 옮긴다면, 그리고 네트워크 마케팅의 가능성을 상대방이 진실로 이해할 수 있는 지점에서 그가 공감할 수 있도록 당신이 제안한다면 상대방은 이를 거절할 수도 없으며 거절하지도 않을 것이다.

길라잡이 네트워커의 길

네트워크 마케팅으로 성공하려면(부업이든, 전업이든) 길라잡이 네트워커가 되어야 한다. 즉 상식이 풍부해야 하며(상식이 풍부한 것은 흔한 일이 아니다), 실천력이 있어야 하고, 적절한 원리 하에서 일을 해야 한다.

네트워크 마케팅 사업에 있어 성공으로 가는 길은 항상 건설 중에 있다. 성공으로 가는 길에 대한 이해, 즉 디스트리뷰터들이 진정으로 어떻게 생각하고, 느끼고 있으며 그들이 무엇을 알아야 하고 성공하기 위해 무엇을 해야할지를 이해하려면 이를 직접 실행에 옮김으로써 더 많이 배울 수 있다.

이 사업에서 수수께끼란 없다. 이 사업에서 필요한 것은 길라잡이가 되는 것이다.

이 책은 시작이다. 이제는 당신 자신만의 길라잡이 보물을 찾으러 떠날 시간이다. 밖으로 나가서 당신만의 스승을 찾으라고 앞서 이야기한 것과 같이 다음의 명령과 함께 출발하라. 가서 길라잡이를 찾아라.

할 수 있는 한 모든 책과 테이프, 세미나에서 배워라. 네트워크 마케팅과 관련된 지혜가 교환되는 곳이면 어느 곳이든 방문하

라. 이 사업에서는 배울 것이 항상 있다.

수차례에 걸쳐 입증된 한가지 사실이 있다. 길라잡이 네트워크는 무엇이든 알고 싶어한다. 그들은 모든 것에 관해 더 많은 것을 알고 싶어한다. 그리고 이는 알고자하는 탐구열과 함께 시작한다. 내 의견으로는 네트워크 마케팅과 인생은 똑같은 원리로 움직이기 때문에 네트워크 마케팅 직업에서는 평생 배움을 맹세해야 한다.

평생 배움을 부지런히 하다보면 다음의 인생을 살 수 있게 된다.

"우리가 알고 있는 것을 가르칠 수 있겠지만 우리 스스로는 거듭나야 한다"

'우리 스스로' 가 진정으로 길라잡이 네트워커가 되고 당신이 네트워크 마케팅에 참여시킨 사람들 가운데서 길라잡이 네트워커를 계속해서 배출해 낸다면 당신은 세상에서 가장 풍요롭고 보람 있는 인생을 즐길 수 있을 것이다.

좋은 길라잡이 네트워커가 되어라.
아니, 이 말은 취소하겠다. 위대한 길라잡이 네트워커가 되어라!

로버트 버트윈